Renate Florl

Mit Kindern im Allgäu

Renate Florl

Mit Kindern im Allgäu

Erlebnistouren –
nicht nur für Gipfelstürmer

Fleischhauer & Spohn

Titelbild: Aufstieg zum Hirschberg, im Hintergrund Oberjoch und
der Iseler

Frontispiz: Blick von der Burgruine Falkenstein auf den Weißensee

Bildnachweis: Alle Aufnahmen stammen von der Verfasserin.

Die Kartenskizzen im Text stammen von der Verfasserin.
Die Kartenskizze auf der Umschlagrückseite hat Edmund Kühnel,
Reutlingen, angefertigt.

© 1996 by Fleischhauer & Spohn Verlag, Bietigheim-Bissingen
Gesamtherstellung: Druckerei Laub GmbH & Co., 74834 Elztal-Dallau
ISBN 3-87230-530-1

Geleitworte

Welche Mutter und welcher Vater hat es nicht schon erlebt: am Ende einer Familienwanderung, die den Eltern sehr gut gefallen hat, meinen die Kinder mehr oder weniger enttäuscht, zu Hause am Fernseher oder beim Spiel mit dem Computer wäre es schöner gewesen. Und wer mußte nicht gelegentlich schon einräumen, daß solche Äußerungen aus Kindermund durchaus ihren guten Grund haben. Vielleicht war die Wanderung für Kinder zu anstrengend. Oder der Weg führte „nur" durch eine reizvolle Landschaft, nicht jedoch an einem Abenteuerspielplatz, einem Tiergehege oder einer interessanten Burg vorbei.

Dabei lohnt es sich, Überraschungen dieser Art vorzubeugen. Gemeinsame Aktivitäten von Eltern und Kindern in Freizeit und Urlaub sind wertvolle Gelegenheiten, fern von beruflichen und sonstigen Verpflichtungen familiäre Gemeinschaft zu erleben, offen füreinander zu sein, aber auch Probleme und Schwierigkeiten aufzufangen. Es sollte deshalb nicht dem Zufall überlassen bleiben, ob solche Stunden zu einem schönen Erlebnis werden. Gefragt sind vielmehr eine sorgfältige Planung und Vorbereitung, die sich an der alten Weisheit orientieren, daß Kinder keine kleinen Erwachsenen sind. Hier kann der vorliegende Wanderführer von Renate Florl: „Mit Kindern im Allgäu" sehr gute Dienste leisten. Er schlägt eine Reihe von Besichtigungen, Ausflügen und Touren vor, die zu den Besonderheiten des Allgäus hinführen und für Eltern wie Kinder gleichermaßen interessant und erlebnisreich sind. Wanderungen durch Schluchten und Tobel sowie Besichtigungen von Schlössern (z. B. Neuschwanstein), Burgen und Ruinen gehören ebenso dazu wie gemütliche Spaziergänge oder das Erklimmen aussichtsreicher Berggipfel. Auch an Regentage ist gedacht. Sie lassen sich z. B. im Schwäbischen Bauernhofmuseum oder mit dem Besuch von Modelleisenbahnanlagen recht gut überstehen.

Der Wanderführer bietet Informationen in einer Fülle, die ihn nicht nur für die Allgäuer Urlaubsgäste, sondern auch für die Kenner dieser Region zu einem wertvollen Ratgeber und Nachschlagewerk machen. Die Familien werden ihn sicher aufnehmen als guten Wegweiser für erholsame Ferien im Allgäu, einem der schönsten Erholungsgebiete im Regierungsbezirk Schwaben.

Augsburg, im Frühjahr 1996

Ludry Vl.

Ludwig Schmid
Regierungspräsident von Schwaben

Seit vielen Jahren bemüht sich der Deutsche Alpenverein in besonderer Weise um die Familien in seinen Reihen. In vielen seiner Sektionen gibt es kinder- und familiengerechte Programmangebote oder auch feste Familiengruppen, die sich selbst organisieren und ihr eigenes Programm gestalten. Viele Familien machen sich aber auch ohne Verein, allein oder mit Freunden auf zum Wandern, zum Entdecken, zur Erlebnissuche. Und wenn man es richtig anstellt, jedem seinen Blickwinkel beläßt, den kleinen Dingen seitwärts vom Weg zum „großen" Ziel auch Raum gibt, wird man schnell merken, daß Familienwanderungen weder für die Kinder noch für die Erwachsenen langweilig sein müssen und daß ein gemeinsamer „Sonntagsspaziergang" – der Schrecken von Generationen von Kindern – auch andere Qualitäten haben kann.

Gleich wie, ob Gruppe oder einzelne Familie, auf brauchbare und informative Anregungen und Vorschläge sind alle angewiesen. Die Wanderbücher der Reihe „Erlebniswanderungen für die ganze Familie" und „mit Kindern unterwegs" im Fleischhauer & Spohn Verlag erfüllen diese Aufgabe bestens.

Umso mehr begrüßt es der Deutsche Alpenverein, daß mit dieser Neuerscheinung nun auch ein alpines Gebiet Eingang in diese Reihe findet.

Ich wünsche diesem Buch eine weite Verbreitung und Eltern wie Kindern viel Spaß bei ihren Entdeckungsreisen im Allgäu.

Lotte Pichler
Beauftragte für Familienarbeit des Deutschen Alpenvereins

München, Januar 1996

Grüß Gott und
herzlich willkommen im Allgäu!

Das Allgäu – wer denkt bei diesem Namen nicht sofort an saftige Almwiesen, an verlockende Gipfelziele oder auch an herzhaften selbstgemachten Käse. Natürlich dürfen bei diesem Bild auch die Kühe mit ihren weithin hörbaren Glocken nicht fehlen.

Für unternehmungslustige Familien mit Kindern bietet das Allgäu unzählige Möglichkeiten für interessante und abwechslungsreiche Spaziergänge, Wanderungen und Tagestouren.

Bei den Ausflügen in diesem Führer lernen wir eine Natur-Eiszeithöhle kennen, durchwandern wildromantische Felsenschluchten mit rauschenden Wildbächen, besteigen aussichtsreiche Gipfelziele und besuchen Almen, Ruinen, Schlösser und Museen.

Da ist nicht nur für jeden Geschmack und für jedes Alter etwas dabei, auch für jede Wetterlage findet man eine passende Möglichkeit.

Sicherlich kennen Sie das: Der Wetterdienst meldet gutes Wetter für den nächsten Tag, wie finde ich nun einen schönen Aussichtsberg, der für mich und meine Familie die richtige Weglänge hat?

Oder: Heute vormittag hat es noch geregnet, aber inzwischen haben sich die Wolken verzogen und man könnte noch eine kleine Runde in Betracht ziehen.

Oder auch so kann es einem ergehen: Bei diesem Regenwetter würde man keinen Hund vor das Haus jagen, welche Möglichkeiten habe ich da?

Man sieht, genauso unterschiedlich wie das Wetter sind die Ansprüche der Benutzer an einen Wanderführer. Besonders, wenn man mit Kindern unterwegs ist, sollte man für alle „atmosphärischen Bedingungen" Möglichkeiten für Unternehmungen parat haben.

Die Übersicht der vorgestellten Touren im Kapitel „Pack' die Badehose ein" erleichtert die Auswahl vorneweg. So findet man sich in diesem Wanderführer schnell zurecht und kann dann auf die einzelnen Kapitel zurückgreifen.

Die detaillierten Angaben im Infoteil am Ende jedes Kapitels nennen Anfahrtswege und die Länge der Wanderung mit Höhenunterschieden sowie die Öffnungszeiten und Eintrittspreise der vorgestellten Museen und Besichtigungsmöglichkeiten. Kartenskizzen erleichtern die Planung und Orientierung ganz erheblich, so daß einem guten Gelingen der Tour nichts mehr im Wege steht.

Natürlich dürfen auch Angaben zu Spielplätzen und anderen Gelegenheiten zu „wichtigen" Beschäftigungen nicht fehlen. Denk-, Rat- und Geländespiele ergänzen zusätzlich das Angebot.

An dieser Stelle soll auch darauf hingewiesen werden, daß es in vielen Städten und Gemeinden in den Sommer- und Ferienmonaten spezielle Angebote für Kinder gibt. Unter vielerlei interessanten Möglichkeiten kann man das auswählen, was einem am meisten Spaß macht. Auskünfte geben die jeweiligen Verkehrsämter.

Alle Touren wurden von mir sorgfältig ausgearbeitet und erkundet. Trotzdem können sich im Laufe der Zeit Änderungen ergeben. Falls Sie eine Änderung feststellen, wären der Verlag und die Verfasserin über eine Nachricht sehr dankbar!

Ein herzliches Dankeschön möchte ich all' denjenigen sagen, die mich bei der Arbeit für diesen Wanderführer mit Rat und Tat unterstützt haben. Ein herzliches Dankeschön auch an den Verlag für die wie immer gute und vertrauensvolle Zusammenarbeit!

Und nun wünsche ich Ihnen viel Spaß und gutes Gelingen bei allen Ihren Unternehmungen!

Herzliche Grüße

Ihre Renate Florl

Das Geheimnis der Rasselbande ❶

Das Schwäbische Bauernhofmuseum in Illerbeuren

Wer gerne mal sehen und erleben möchte, wie man in früherer Zeit gewohnt und gearbeitet hat, ist im **Schwäbischen Bauernhofmuseum** in Illerbeuren genau richtig. Außerdem ist im Museumsbereich eine Außenstelle des Deutschen Brotmuseums integriert und im Außenbereich findet man noch das Schwäbische Schützenmuseum.

Im Schwäbischen Bauernhofmuseum

Die gemütliche Ofenbank gehörte einfach mit dazu

Schon 1955 wurde das Freilandmuseum mit der St.-Ulrich-Sölde eröffnet. Im Laufe der Jahre konnten weitere Gebäude erworben werden, fünf Höfe des Museums stehen sogar an ihrem ursprünglichen Platz. Die anderen stammen aus der näheren Umgebung. Sie wurden an ihrem ehemaligen Standort abgetragen und dann im Museum wieder aufgebaut.

Bei einem Rundgang durch die eingerichteten Stuben, Kammern, Ställe und Scheunen sieht man vieles, was man sicher noch vom Hörensagen kennt, aber manches ist für uns heute schwer verständlich geworden. Vergleicht man zum Beispiel eine Küche von früher mit einer aus unserer Zeit: viel Gemeinsames läßt sich wahrlich nicht erkennen! Das Essen wurde auf einem eisernen Dreifuß in einer Pfanne zubereitet. Anschließend stellte man die Pfanne mitten auf den Tisch auf ein bestimmtes Holzgerüst, das sogenannte Pfannenholz, und jeder aß mit seinem Löffel daraus. Kein Wunder, daß man damals ohne Spülmaschine auskam!

Das Haus Nr. 1, die St.-Ulrich-Sölde, ist nur im Rahmen einer etwa einstündigen, sehr informativen Führung zu besichtigen. Die Teilnahme daran ist kostenlos, und bei dem Rundgang durch das 1.603 erbaute Haus erfährt man vieles, auf das man von alleine nicht gekommen wäre. Was ist nun eine Sölde?

Eine Sölde ist ein Hof, dessen Bewohner nicht ausschließlich von der Landwirtschaft gelebt haben, sondern zusätzlich einem handwerklichen Nebenerwerb nachgingen. In diesem Haus war es zunächst eine Bäckerei und später eine Wagnerei. Die Wagner hatten damals viel zu tun: sie fertigten und reparierten Wagen und Karren aller Art, auch landwirtschaftliche Geräte und Werkzeuge stellten sie her.

Eine weitere Besonderheit des Hofes ist der eigene, knapp vier Meter tiefe Brunnen in der Käsküche. Im Laufe der Führung hört man immer wieder bekannte Sprichwörter oder Redensarten, deren Ursprung anschließend einleuchtend erklärt wird. Was hat es zum Beispiel mit einer *Fahrt ins Blaue* auf sich? Das Allgäu war früher ein beliebtes Anbaugebiet für Flachs. Und auf die blauen Blüten des Flachses geht diese bekannte Redewendung zurück. Noch mehr Begriffe, die eigentlich aus der Weberei stammen – der Flachs wurde ja bekanntlich zu Leinen weiterverarbeitet – kennen wir heute noch: sich verhaspeln, sich verzetteln, etwas aufgabeln. Was es jedoch mit einer Rasselbande auf sich hat, wird im voraus nicht verraten!

Informative Sonderausstellungen, Vorführung alter Arbeitstechniken, Museumstage sowie Feste und Feiern aller Art sind besondere Anziehungspunkte und werden das ganze Jahr über angeboten. Informationsmaterial hierfür kann telefonisch angefordert werden.

▷ *Wie kommt man nach Illerbeuren?*
Von Memmingen aus auf der A 96 in Richtung Wangen fahren, bei Aitrach abfahren und weiter in Richtung Legau. In Lautrach links abbiegen nach Illerbeuren. Das Bauernhofmuseum und der Parkplatz sind ausgeschildert. Auf der „Museumstraße" in wenigen Schritten zum Eingang.

△ *Öffnungszeiten:* April bis September   9.00–18.00 Uhr
                                          März, Oktober und November 10.00–16.00 Uhr
montags (außer an Feiertagen) und Karfreitag geschlossen
Letzter Einlaß: eine Stunde vor Schließung

∞ *Eintritt:*   Erwachsene   DM   5,00
                          Kinder   DM   2,50
                          Familienkarte
                          (2 Erwachsene, Kinder bis 18 Jahre)   DM 10,00

◇ *Führungen:*
Eine allgemeine Führung durch die St.-Ulrich-Sölde, die regelmäßig stattfindet, ist im Eintrittspreis enthalten (zwischen 12.00 und 13.00 Uhr keine Führung). Für Gruppen wird eine Anmeldung erbeten.

★ *Auskünfte:*   Telefon 0 83 94/14 55
                          Telefax 0 83 94/14 54

☆ *Einkehrmöglichkeit:*
Im „Gromerhof", der heute zum Museum gehört und ehemals der größte Hof Illerbeurens war, ist eine Gastwirtschaft eingerichtet (montags Ruhetag).

Wir erweitern unseren Horizont ❷

Auf den Dürren Bichl und den Blender bei Wiggensbach

Die sanften Hügel und Berge des wunderschönen Allgäuer Voralpenlandes werden wir bei diesem Wandervorschlag kennenlernen. Wir durchstreifen dabei die so typischen Landschaftsformen des Voralpenlandes: Wälder, Wiesen und Weiden. Auch die vereinzelt gelegenen Höfe sind aus dem Landschaftsbild des Allgäus nicht wegzudenken.

Ausgangspunkt unserer Runde zum Dürren Bichl und zum Blender ist der Parkplatz am Trimm-Dich-Pfad bei Wiggensbach. Irgendwie liegt der Parkplatz an einer besonderen Stelle: So einen Wind wie hier trifft man auf der ganzen Tour nicht mehr an. Also verweilen wir nicht lange und gehen los! Wir starten nach unten, so wie wir hergekommen sind. Rechts leuchtet im Tal das Blau des Freibades herauf – ob uns nachher eine Erfrischung guttun wird?

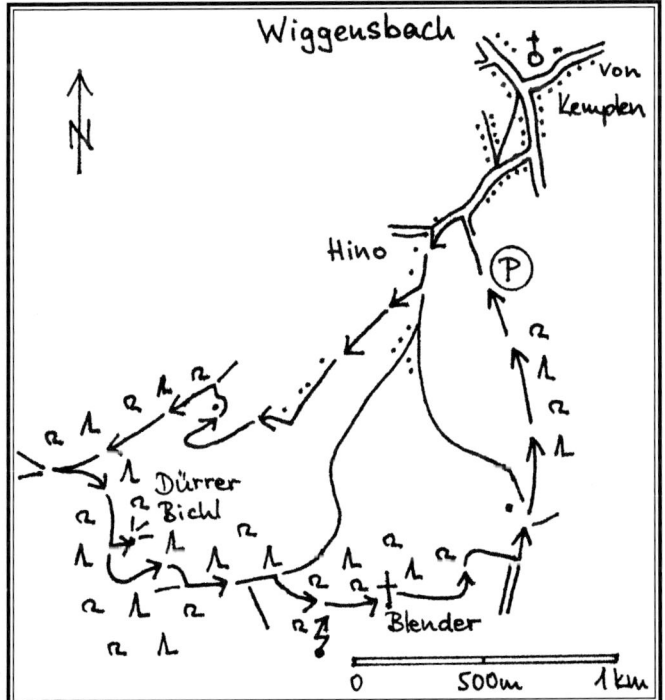

An der Abzweigung halten wir uns links in Richtung der Beschilderung *Nr. 2 Kürnachtal*. An der folgenden Gabelung wählen wir wiederum die linke Möglichkeit, zweigen dann aber am Haus Nr. 6 in Hino rechts ab. Auf dem Fahrweg aufwärts in Richtung Staudach heißt unsere Richtung immer noch Kürnachtal. Bei einem Blick zurück können wir den Parkplatz erkennen, steht das Auto noch da? Beim Weiterwandern begleitet uns der Glockenklang der Kuhglocken.

An den Höfen vorbei und weiter zu einem offenen Unterstand, dann führt uns unser Weg nach rechts zu einem schönen Bergahorn. Weiter geht's in einer weit ausholenden Kehre aufwärts zum Hof Staudach 4. Ums Haus herum und dann heißt es nach rechts über die Weide auf den Wald zu halten.

Bänke und Tische laden hier schon zu einer ersten Rast ein. Der Funkturm, der etwas unterhalb des Gipfels auf dem Blender steht, ist weithin zu sehen. Bestimmt ist er uns auch schon bei der Anfahrt aufgefallen.

Ab hier haben wir nun einen Waldweg. Nach links geht es am Waldrand weiter, dann kommen wir in den Wald hinein. Dem *rot/weiß* markierten Pfad im Wald folgt bald darauf ein Hang mit Beeren und Gestrüpp. An der nächsten Verzweigung weist uns ein Wegweiser zum Dürren Bichl und zum Blender nach links. Wenige Schritte weiter aufwärts erwartet uns eine schöne Aussicht nach Norden. So weit das Auge reicht sehen wir, ganz gemütlich auf einer Bank sitzend, die herrliche Voralpenlandschaft, dann verliert sich der Blick in der Unendlichkeit bzw. am Horizont in weiter Ferne. Woran liegt das wohl, daß wir nicht unendlich weit schauen können? Oft genug liegt es natürlich am Wetter, daß ein weiter Blick nicht möglich ist, aber selbst bei klarstem Himmel können wir aufgrund der Krümmung der Erdoberfläche nicht beliebig weit sehen.

Wieviel macht denn die Krümmung der Erdoberfläche überhaupt aus? Nehmen wir ein einfaches Beispiel: Wenn jemand am Start eines 100-Meter-Laufes steht und im Ziel ein drei Millimeter hoher Gegenstand liegen würde, so könnte man den Gegenstand aufgrund der Erdkrümmung nicht mehr sehen. Das kann man natürlich mit bloßem Auge sowieso nicht mehr erkennen, aber bei zehn Kilometern Entfernung macht es schon fast acht Meter aus. Alles was kleiner ist „entschwindet" einfach unserem Blick, da die Erde ja nicht eine flache Scheibe, sondern eine angenäherte Kugelform besitzt. Wer exakt sein möchte: ein abgeplatteter Ellipsoid.

Jetzt können wir auch verstehen, warum die Leuchttürme an den Ufern der Meere so hoch sein müssen. Die Schiffe sollen sie bzw. die Lichtzeichen rechtzeitig erkennen können. Bei 15 Kilometern Entfernung muß ein Gegenstand nämlich schon fast 18 Meter hoch sein,

Aussicht, so weit das Auge reicht

um noch gesehen werden zu können, bei 20 Kilometern sind es bereits mehr als 31 Meter. Diese Beispiele gehen immer von einem gleichhohen Standpunkt aus, wie man ihn z. B. auf einem Meer vorfindet.

In den Bergen hat man natürlich den Vorteil, schon von erhöhter Warte aus in die Ferne zu blicken, da erweitert sich sprichwörtlich

Auf dem Blender

der Horizont! Sind wir z. B. 200 Meter höher als das Tal, reicht der Blick schon um die 50 Kilometer weit. Wollen wir 100 Kilometer – rein rechnerisch – weit schauen können, müssen wir uns mindestens 800 Meter höher als die Umgebung befinden! Die Höhenmeter können wir im Allgäu bei manchen Touren erreichen, aber eine Garantie für einen 100-Kilometer-Blick ist das natürlich noch lange nicht!

Aber nun geht's weiter zum **Dürren Bichl**. Durch den Fichtenwald aufwärts bis zu einem Hinweisschild. Nach links den *roten Punkten* an den Bäumen nach erreichen wir den ersten Gipfel unserer Tour. Durch die Bäume hindurch werfen wir wiederum einen Blick ins Land hinaus, wer findet mit den Augen sogar den Parkplatz? Den *ro-*

ten Punkten nach kehren wir auf den Weg zurück, auf dem wir nach links weitergehen. An der nächsten Gabelung folgen wir weiterhin den leuchtenden Punkten in Richtung Blender nach links.

Der Funkturm ist rechts vor uns ganz deutlich zu sehen. Auf einem schmalen Pfad und durch Brombeergestrüpp hindurch verabschieden wir uns vom Dürren Bichl und machen uns, auf dem Schotterweg wiederum nach links, auf den Weg in Richtung Blender.

Wir kommen aus dem Wald heraus und wandern geradeaus weiter. Ein Bänkchen vor dem Aufstieg zum Blender verlockt nochmals zu einer Verschnaufpause. Zuerst am Waldrand und dann im Wald steigen wir auf dem gut markierten Pfad aufwärts. Zum Schluß wird es sogar noch richtig steil, da merkt man, daß wir einen Berg besteigen wollen.

Dafür werden wir oben auch mit einem richtigen Gipfelkreuz belohnt. Die Aussicht zum Grünten und zu den Allgäuer Bergen hin ist einfach schön. Links ist Kempten zu erkennen und wer sich hier auf dem **Blender** auf die in allen Farben blühende Wiese gemütlich auf den Rücken legt, kann das Spiel der Wolken betrachten, wann haben wir das zum letzten Mal gemacht? Wem es auf dem Blender gefällt, kommt sicher noch auf andere Ideen, was man machen könnte.

Auf dem markierten Weg steigen wir dann nach rechts hinunter. Über Wurzeln geht's steil hinab, zwei Kurven bringen uns bis zu einem Weidegelände hinunter. Geradeaus auf den schon sichtbaren Fahrweg hinunter und darauf nach links zum Parkplatz zurück.

Die gute Stube im Heimatmuseum Wiggensbach

Wer noch Lust auf Bewegung und Gymnastik hat, kann zum Schluß nach rechts auf den Trimm-Dich-Pfad abzweigen und dort bei Bedarf noch eine Runde drehen.

Wer noch Lust auf Besichtigungen hat, kann in Wiggensbach die Kirche *St. Pankratius* anschauen oder einen Besuch im *Heimatmuseum* anschließen.

▷ *Wie kommt man nach Wiggensbach?*
Wiggensbach liegt westlich von Kempten. Man verläßt Kempten in Richtung Altusried, also in nördlicher Richtung, und folgt dann der Beschilderung nach Wiggensbach. Ein Blick in die Karte ist hier sicher hilfreich.

In Wiggensbach kommen wir direkt am „WIZ", am Wiggensbacher Informationszentrum, und an der Kirche St. Pankratius vorbei. An der Kreuzung halten wir uns links und zweigen dann nach rechts ab. Es geht ein wenig den Berg hoch, links weiter und oben nochmals links zum Parkplatz am Beginn des Trimm-Dich-Pfades.

○ *Weglänge:*   7 km, 250 Höhenmeter

Heimatmuseum und Kirche St. Pankratius
▷ *Wie kommt man hin?*
Zurück in die Ortsmitte von Wiggensbach und rechts in Richtung Kempten abzweigen. Gleich hier befindet sich die sehenswerte Rokokokirche und das Heimatmuseum.

△ *Öffnungszeiten Heimatmuseum:*

montags bis freitags	9.00–12.00 Uhr
mittwochs zusätzlich	14.00–16.00 Uhr
sonntags	10.00–12.00 Uhr
und	14.00–16.00 Uhr

∞ *Eintritt:*   frei

★ *Auskünfte:*   Telefon 0 83 70/84 35

☆ *Einkehrmöglichkeiten:*
mehrere Gasthöfe in Wiggensbach

▱ *Kartenempfehlung:*
1 : 50 000 Bayerisches Landesvermessungsamt München
UK L17 Kempten und Umgebung

Reise durch 2 000 Jahre Geschichte

Ein lehrreicher Tag in Kempten

Kempten bietet mit seiner Vielzahl von Museen die Möglichkeit, sich auf ganz verschiedenen Gebieten zu informieren und Neues dazuzulernen. Aber auch ein Spaziergang durch die Altstadt ist empfehlenswert, stattliche Patrizierbauten und schöne Rokokofassaden können dabei bewundert werden. Kempten wurde schon vor 2 000 Jahren von dem griechischen Geographen Strabon schriftlich erwähnt. Somit hat Kempten das älteste schriftliche Zeugnis einer deutschen Stadt.

Nachfolgend sollen die einzelnen Museen kurz vorgestellt werden, damit man im voraus eine Vorstellung davon hat, was einen bei der Reise durch die doch recht lange Geschichtszeit erwartet.

Römisches Museum und Naturkundemuseum im Zumsteinhaus

Im **Römischen Museum** werden in zahlreichen Vitrinen wertvolle historische Funde aus der Römerzeit ausgestellt (z. B. Schmuck, ärztliche Instrumente). Ein Modell des ehemaligen *Cambodunum*, wie Kempten zur Zeit der Römer hieß, veranschaulicht sehr schön die damalige Lage auf einem Hügel am rechten Illerufer. Übrigens bedeutet der Name soviel wie „Burg oder Siedlung an der Flußkrümmung". Ein Wandgemälde zeigt die Verteilung der bisher bekannten römischen Städte vor etwa 2 000 Jahren.

Das **Naturkundemuseum** im gleichen Gebäude – übrigens ein schönes klassizistisches Bürgerhaus aus dem Jahre 1802 – beherbergt Sammlungen zur Geologie und Biologie des Allgäus. Natürlich sind hierbei die präparierten Tiere die größten Anziehungspunkte für Kinder. Aber auch die verschiedenen Gesteinsarten sind für interessierte ältere Kinder sehr informativ. Außerdem bleibt im Obergeschoß noch Platz für Sonderausstellungen zu unterschiedlichen Themen.

Alpinmuseum und Alpenländische Galerie

Das **Alpinmuseum** in Kempten ist ein Zweigmuseum des Bayerischen Nationalmuseums unter Mitwirkung des Deutschen Alpenvereins. Es befindet sich im großen Marstallgebäude, das um 1730 errichtet wurde. Unter *Marstall* versteht man einen selbständigen Gebäudeteil für Pferde, Wagen und Geschirr, der früher zu einem Schloß oder zu einer Residenz gehört hat.

Das Alpinmuseum beleuchtet alle Belange, die etwas mit dem Zu-
sammentreffen von Mensch und Gebirge zu tun haben. Dabei wird
der ganze Zeitraum von der Besiedelung der Alpen bis in die heutige
Zeit abgedeckt. In sieben Räumen wird jeweils ein Schwerpunkt-

Alpentiere im Alpinmuseum

thema aufgegriffen. Wallfahrten und Berge der Heiligen, Wasserlei-
tungsbau im Wallis, Energiegewinnung, das schwere Los der Berg-
bauern, wirklich zu jedem Thema gibt es einen Beitrag. Besondere
Anziehungspunkte sind die dargestellten „Baumhälften" zum Erkennen der jeweiligen Baumart und natürlich die präparierten Alpentiere, die nicht fehlen dürfen. Ein Alpenrelief mit Unterkunftshütten,
deren Standort auf Knopfdruck mit einem Lämpchen signalisiert
wird, ist ebenfalls erwähnenswert. Aber auch die Ausrüstung der
Bergsteiger-Expeditionen von einst und jetzt ist beachtenswert. Die
Entwicklung der modernen Sportarten wie z.B. Klettern und Skifah-
ren wird anschaulich im Obergeschoß vorgestellt.

Die **Alpenländische Galerie** befindet sich in der dreischiffigen Erd-
geschoßhalle des Marstallgebäudes. Man kann dort spätmittelalterli-
che sakrale Kunst bewundern, die vorwiegend aus dem Allgäu, aus
Oberschwaben, aus Tirol und aus Vorarlberg stammt.

Allgäuer Burgenmuseum

Das **Allgäuer Burgenmuseum** ermöglicht in fünf Räumen einen
Blick in die geheimnisvolle Zeit der Burgen. Natürlich gibt es dort
keine „echten" Burgen zu sehen, aber jede Menge Modelle und zeich-
nerische Rekonstruktionen. Vitrinen mit ausgegrabenen Funden ergänzen die Ausstellung. Besondere Aufmerksamkeit zieht jedoch das
einsame Burgfräulein auf sich, das sehnsüchtig aus dem Fenster
schaut.

Vielleicht haben wir die eine oder andere Burg oder Ruine auf unseren Touren schon besucht?

Archäologischer Park Cambodunum (APC)

Der **Archäologische Park Cambodunum** besteht aus drei Teilen.
Im ersten Abschnitt hat man auf originalen Fundamenten, die man
in den Jahren 1937/38 ausgegraben hat, einen gallorömischen Tempelbezirk zum Teil rekonstruiert. In diesem heiligen Bezirk konnten
vor fast 2000 Jahren die unterschiedlichen Bevölkerungsteile ihre jeweiligen Gottheiten verehren. Die zahlreichen Kultbauten zeigen an,
daß es zu dieser Zeit einen vielfältigen römischen Götterhimmel gegeben haben muß. Der größte Tempel war dem Herkules geweiht.
Heute können im Herkulestempel u. a. Videofilme rund ums Thema
Römer und Kempten angeschaut werden. Man hat die Auswahl zwischen acht Filmen, die von fünfzehn Minuten bis über eine Stunde
Zeit beanspruchen. Auch die nachgebildeten Schlösser der Türen
sind beachtenswert: gerne kann der Mechanismus ausprobiert werden (bei der Aufsicht fragen!). In der inneren Doppelhalle gibt's
Schautafeln und zahlreiche archäologische Fundstücke zu den Themen Ausgrabung, Rekonstruktion und Verehrung der Gottheiten.

Der zweite Abschnitt ist über einen kurzen Weg zu Fuß zu erreichen: die Kleinen Thermen unter einem Schutzbau. Auch der dritte Abschnitt, die Markierung der originalen Fundamente im Gelände, ist auf dem Weg dorthin zu sehen. Dazwischen lockt ein Spielplatz zu einer Pause. Von der erhöhten Lage aus hat man einen prächtigen Blick auf Kempten, das Illertal und die Allgäuer Alpen im Hintergrund.

Im Burgenmuseum

▷ *Wie kommt man zum Römischen Museum und zum Naturkunde-museum?*

Beide Museen befinden sich im Zumsteinhaus am Residenzplatz 31. In Kempten der Beschilderung „Zentrum" folgen und dann weiter zum ausgeschilderten Residenzplatz und anschließendem Hildegardplatz. Dort Parkmöglichkeiten (werktags gebühren-pflichtig).

△ *Öffnungszeiten:*
dienstags bis sonntags   10.00–16.00 Uhr

∞ *Eintritt:*   Erwachsene   DM 4,00
                  Kinder ab 10 Jahren   DM 1,00
                  An Sonn- und Feiertagen Eintritt frei!

★ *Auskünfte:*   Telefon 08 31/25 25-4 50

◇ *Führungen:*
jeden zweiten Donnerstag im Monat um 19.00 Uhr durch jeweils eines der Kemptener Museen und Sammlungen, Telefon 08 31/ 25 25-4 63

▷ *Wie kommt man zum Alpinmuseum und zur Alpenländischen Galerie?*

Vom Residenzplatz erreicht man die Museen in der „Landwehr-straße 4" in wenigen Minuten zu Fuß. Durch den Torbogen zwi-schen der St.-Lorenz-Basilika und der Residenz hindurch trifft man auf das lange Marstallgebäude. Links herum und dann rechts zum Eingang. Es bestehen vor dem Gebäude auch Parkmöglich-keiten (werktags gebührenpflichtig).

△ *Öffnungszeiten:*
dienstags bis sonntags   10.00–16.00 Uhr

∞ *Eintritt:*   Erwachsene   DM 4,00
                  Kinder ab 10 Jahren   DM 1,00
                  An Sonn- und Feiertagen Eintritt frei!

★ *Auskünfte:*   Telefon 08 31/54 01 80

▷ *Wie kommt man zum Allgäuer Burgenmuseum?*

Das Allgäuer Burgenmuseum befindet sich in der „Westendstraße 21" (Ecke „Bodman-"/„Westendstraße"). Vom Residenzplatz an der St.-Lorenz-Basilika vorbei und auf der „Salzstraße" nach links. Die dritte Querstraße nach rechts hinein („Bodmanstraße") und weiter zum Eckhaus an der „Westendstraße" (dritte Querstraße rechts).

△ *Öffnungszeiten:* sonntags   10.00–12.00 Uhr
jeden 1. Sonntag im Monat
zusätzlich   14.00–16.00 Uhr

∞ *Eintritt:*   frei, Spenden erwünscht

★ *Auskünfte:*   Telefon 08 31/8 30 88 oder 08 31/2 75 96

▷ *Wie kommt man zum Archäologischen Park Cambodunum?*

Der Archäologische Park befindet sich oberhalb der Stadt am rechten Illerufer. Von der Innenstadt über die Illerbrücke hinüber und nach links abzweigen. Dann nach rechts den „Brodkorbweg" hoch und nochmals nach rechts in die „Spickelstraße". Wiederum nach rechts befinden wir uns im „Cambodunumweg". Hier gibt es Parkplätze und den Eingang zum gallorömischen Tempelbezirk. Die Kleinen Thermen findet man, wenn man den „Cambodunumweg" weiterfährt und sich dann rechts hält.

△ *Öffnungszeiten:* 1. Mai bis 31. Oktober   10.00–17.00 Uhr
1. November bis 30. April   10.00–16.30 Uhr
täglich außer montags geöffnet, im Januar und Februar geschlossen

∞ *Eintritt:*   Erwachsene   DM 4,00
Kinder 10 bis 18 Jahre   DM 1,00

★ *Auskünfte:*   Telefon 08 31/7 26 78

◇ *Führungen:*

Kostenlose Führungen zu den Öffnungszeiten für Einzelpersonen und Familien, sonntags um 11.00 Uhr am Pavillon-Kiosk des APC, Gruppenführungen nach vorheriger Anmeldung, Telefon 08 31/7 26 78

◇ *Stadt- und Museumsführungen:*

Es werden ganzjährig kostenlose Stadt- und Museumsführungen angeboten. In den Monaten Mai bis Oktober gibt es spezielle Kinder-Stadtführungen, die ebenfalls kostenlos sind. Dauer etwa einehalb bis zwei Stunden.

★ *Auskünfte:*
Verkehrsamt Kempten
Telefon 08 31/25 25-2 37
Telefax 08 31/25 25-4 27

Vorhang auf – das (Natur-) Schauspiel kann beginnen

Durch den Eistobel bei Grünenbach und zum höchsten Berg des Westallgäus

Smaragdgrünes Wasser, hohe Felswände aus dem markanten Nagelfluhgestein, Überreste eines ehemaligen herrschaftlichen Schlosses und die Aussicht vom höchsten Punkt des Westallgäus, der Riedholzer Kugel, erwarten uns bei dieser Rundtour. Die mutige Konstruktion der Argentobelbrücke ist genauso faszinierend wie der erlebnisreiche Steig durch den Eistobel. Hier verbinden sich moderne Technik und eine vieltausendjährige Erosion zu einem eindrucksvollen Schauspiel.

Da wir unter Umständen nicht alle über die Argentobelbrücke zurückkehren (warum, wird später erläutert), können Schwindelfreie noch vor Beginn der Tour von der Brücke hinab auf das Tal der Oberen Argen einen Blick wagen. Das ist ein Gefühl wie vor einem Bungee-Sprung! Das sind die, die sich mit nur einem Seil um den Fuß kopfüber solch einen freien Fall zumuten. Wie gut, daß das Geländer stabil ist!

Am Parkplatz an der **Argentobelbrücke** beginnt gleich der Abstieg hinunter zur Argen. Nach dem Passieren des Kassenhäuschens steigen wir auf vielen Stufen abwärts. Unterwegs kommen wir an den Fundamenten des großen Spannbogens der Argentobelbrücke vorbei. In 54 Metern Höhe überspannt die über 200 Meter lange Brücke das Tal der Oberen Argen. Am Bach unten angelangt, wandern wir nach rechts, also flußaufwärts weiter. Noch ist dem ruhig dahinfließenden Gewässer in dem breiten Tal nichts besonderes anzumerken. Flache Stellen und Kiesbänke laden gleich zum Spielen und Bauen ein. Aber die Neugier auf das, was noch kommt, läßt alle sicher bald weitergehen. Und es dauert auch gar nicht mehr lange, da sehen und hören wir schon das Wasser über die Felsen hinabbrausen. Voller Spannung steigen wir im **Eistobel** weiter und erblicken immer wieder tolle Felsformationen und faszinierende Wasserspiele. Mal zwängt sich das Wasser ganz eng und schmal durch die Felsen, mal kann sich das Wasser mehr ausbreiten – aber immer sieht es wunderschön aus. Der gut gesicherte Steig wurde zum Teil sogar aus den Felsen herausgesprengt, teilweise führen uns auch stabile Stege weiter aufwärts.

Dann sehen wir hoch über dem letzten Wasserfall einen Steg. Zu diesem Eistobelsteg steigen wir hinauf und können nun von oben auf den Wasserfall hinunterblicken. Hinunterschauen ist jedoch viel öfters mit einem mulmigen Gefühl verbunden, als es andersherum der

❹

Auf Stelzen durch den Eistobel

Fall ist. In diesem Falle verweilen wir eben unten noch ein bißchen, vielleicht finden wir auch einen gemütlichen Platz für ein Fußbad?

Über den Steg hinüber und rechts über Wurzeltreppen in Richtung *Kugel* aufwärts. Nach rechts in Richtung *Schüttentobel* kommen wir in wenigen Minuten zu einem Stausee, aus dem eine imposante, bestimmt 50 Meter hohe Felswand aus Nagelfluhgestein emporragt. Diesen kleinen Abstecher sollten wir uns nicht entgehen lassen.

Den Eistobel haben wir nun kennengelernt, jetzt stellt sich die Frage, wieviel Lust und Energie wir noch für die Besteigung der Riedholzer Kugel, den höchsten Punkt des Westallgäus, haben. Wenn wir die Kugel besteigen wollen, steigen wir auf dem sonnigen Weg weiter aufwärts.

Wasser direkt erleben

Falls wir für heute schon genug erlebt haben, kehren wir auf dem gleichen Weg zum Parkplatz zurück. Beim Abwärtsgehen sieht man oft manches anders als beim Hochgehen und vor allem kann man an den flachen Stellen des Baches nun in aller Ruhe verweilen. Oder gehen wir doch noch bis zur Ruine Hohenegg mit?

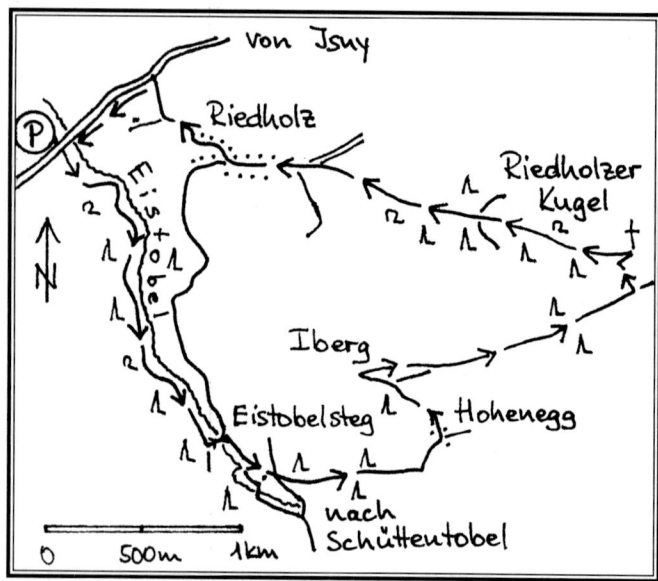

Schon kurze Zeit später betreten wir wieder Wald und eigentlich sind wir schon ganz nahe bei der Ruine Hohenegg. In den Sagen, die man sich von diesem Schloß erzählt, spielt ein schrecklicher Drache eine große Rolle. Und das kam so: Vor langer Zeit wohnten drei Schwestern auf Schloß Hohenegg, die alle den gleichen mutigen Ritter liebten. Derselbe war ausgezogen, um das Land von den Drachen zu befreien. Bei seiner Rückkehr – das hatten die drei Schwestern vereinbart – sollte diejenige ihn bekommen, die am meisten gesponnen und gewoben hatte. Den ganzen Tag über hörte man nun die Spindeln schnurren, die Webstühle klappern und die Mädchen dazu singen. Endlich war der langerwartete Tag gekommen und sie verglichen ihre Webstücke miteinander. Und was war das Ergebnis? Es war kein Unterschied auszumachen, alle drei Tücher waren gleich lang. Da die Schwestern sich gegenseitig lieb hatten, wollte keine der anderen im Wege stehen und so beschloß jede für sich, sich des Nachts heimlich über die steil abfallende Felswand hinabzustürzen.

Als der Ritter am Tag darauf heimkam und das Unglück sah, sprang er vor lauter Verzweiflung auch in die Tiefe.

Eine der Schwestern hatte jedoch den Sturz überlebt, da sie von einem Baum aufgefangen worden war. Sie kehrte in das Schloß zurück.

Ein schrecklicher feuerspeiender Drache mit riesigen Fledermausflügeln und einem langen Schlangenschwanz hatte vom Tod des Ritters erfahren, der zuvor vergeblich versucht hatte, ihn zu erwischen. Der Drache kam durch die Lüfte dahergebraust und nahm Besitz von dem Schloß mit allem was darinnen war. Auch das junge Fräulein gehörte zu den Kostbarkeiten, die der Drache nun bewachte.

Es ist nicht genau überliefert, wie lange der Drache im Schloßhof sein Unwesen trieb. Aber eines Tages schaffte es ein junger heldenhafter Mann, den Drachen zu überwinden und erlöste damit das ganze Schloß. Ab der Zeit lebten alle in Frieden und Glück miteinander.

Heute sind vom **Schloß Hohenegg** nur noch wenige Reste zu sehen, die Steine wurden nämlich abgetragen und für andere Bauten, z. B. auch für Fundamente bei manchen Häusern in Hohenegg, verwendet.

Die Wasserversorgung dürfte zur damaligen Zeit auch kein Problem gewesen sein, denn vom naheliegenden Wasserfall ließ sich leicht eine Leitung herüberlegen.

Wir gehen rechts in Richtung *Kapelle* hinauf und sehen noch vor der Kapelle ein wenig zurückgesetzt die Gedenktafel auf einer aus Bruchsteinen errichteten Mauer. Überall in diesem Gelände müssen wir uns vorsichtig bewegen, denn das ehemalige Schloß Hohenegg ist auf einem Felsensporn erbaut worden, an dem es auf drei Seiten senkrecht hinunter geht.

Weiter aufwärts gelangen wir zu einer Kreuzung. In Richtung Hohenegg, diesmal ist die kleine Ortschaft gemeint, wandern wir geradeaus der etwas spärlichen *blauen Markierung* nach. In einem Hohlweg im Wald steigen wir aufwärts. Weiter geradeaus in Richtung *Kugel* und *Feriendorf* schließt sich der nächste Hohlweg an. Wir kommen aus dem Wald hinaus und sehen schon die Häuser von Hohenegg, auf die wir zuhalten. Der Blick schweift nun weit über die Allgäuer Berge, Täler und Höhen. Im Ort folgen wir der *weißen 3 im blauen Feld* nach links in Richtung Kugel. Unser Weg führt zum Waldrand hin und dann im Wald aufwärts. An der nächsten Gabelung wandern wir geradeaus weiter und wenige Schritte später sind wir auf dem **Iberg** angelangt. Wir sehen eine Bergstation eines Schleppliftes, aber vor allem bietet sich uns von hier aus ein prächtiges Panorama. Wer kann die Argentobelbrücke erkennen? Tief unten im Tal ist sie inzwischen, und dabei waren wir selbst doch vorher erst noch weit unter der Brücke. Es ist herrlich, hier oben zu sitzen und das Gefühl zu genießen, so viel schon geschafft zu haben.

Wer sich dann zum Weiterwandern entscheiden kann, bleibt auf der Höhe und folgt nach rechts der Wegspur auf dem weichen Wiesengrat. Immer geradeaus erreichen wir dann durch Wald und über Wiesen einen ersten Vorgipfel. Wie in einer Berg- und Talbahn müssen wir anschließend ein wenig hinunter und wieder hinauf – und schon sind wir auf dem zweiten Vorgipfel. Nochmals geht es ein paar Schritte hinab und dann nehmen wir die letzte Bergetappe in Angriff. An einer Ecke am Waldrand müssen wir uns links halten und erreichen über Wiesengelände den höchsten Aussichtspunkt des Westallgäus, die **Riedholzer Kugel**, mit 1 066 Metern Höhe.

Der Abstieg hinunter nach Riedholz beginnt unterhalb des Gipfelkreuzes nach links auf dem Weg mit der *weißen 5 auf blauem Grund*. Der schmale Pfad führt anfangs steil hinab, dann über einen Weg hinüber und weiter geradeaus in Richtung Riedholz unserer Markierung nach.

Wir kommen durch ein Weidegatter auf einen Hang zu, auf dem im Winter die Skifahrer hinunterwedeln. Nebenher die Aussicht genießend halten wir uns links an der Kante einer nach links abfallenden Schlucht. Weiterhin durch Wald abwärts erreichen wir – zum Schluß nochmals über Weiden – die langgestreckte Ortschaft Riedholz. In den Ort hinein, dann nach rechts am Gasthof „Adler" vorbei und an der Straße entlang vor bis zur ausgebauten Straße. Nach links über die Argentobelbrücke zurück zum Parkplatz. Der Rückweg an der ausgebauten Straße entlang ist für Wanderer absolut unattraktiv und für Kinder gleich zweimal nichts. Leider gibt es im Moment keine andere Möglichkeit, zum Parkplatz zurückzukommen.

Vielleicht ist es in diesem Falle möglich, daß sich ein Elternteil dazu bereit erklärt, das Auto zu holen.

▷ *Wie kommt man zum Parkplatz an der Argentobelbrücke?*

Von Isny über Maierhöfen und weiter in Richtung Grünenbach. Der ausgewiesene Parkplatz befindet sich nach der Argentobelbrücke auf der rechten Seite.

○ *Weglänge:*

Eistobel	5 km
Eistobel mit Riedholzer Kugel	gut 10 km, 400 Höhenmeter

△ *Öffnungszeiten:* Der Eistobel ist das ganze Jahr über zugänglich, bei Schnee und Eis ist natürlich entsprechende Vorsicht geboten.

∞ *Eintritt:*   Erwachsene   DM 2,00
                 Kinder   DM 1,00

Falls das Kassenhäuschen nicht besetzt ist, kann man die Eintrittskarten am Automaten lösen, dabei an Kleingeld denken!

❀ *Tip:*
Wenn man am Wasser unterwegs ist, kann man ein Handtuch und/oder Reservekleider manchmal gut gebrauchen.

☆ *Einkehrmöglichkeiten:*
Gasthof „Adler" (montags Ruhetag) Telefon 0 83 83/3 38,
Kiosk und Gasthaus an der Argentobelbrücke

▢ *Kartenempfehlung:*
1 : 50 000 Bayerisches Landesvermessungsamt München
UK L11 Lindau – Oberstaufen und Umgebung

Auf den höchsten Gipfel Württembergs ❺

Von Bolsternang auf den Schwarzen Grat

Der Schwarze Grat ist die höchste Erhebung Württembergs, wer hätte das gewußt? Der höchste Berg von Baden-Württemberg ist der Feldberg im Schwarzwald, das ist bestimmt schon eher geläufig.

Mit dem höchsten Berg in Bayern wird es schon schwieriger. Oder auch nicht? Denn die Zugspitze als absoluter Spitzenreiter der Gipfel in Deutschland steht ja auch auf bayerischem Boden. Und wie heißt der höchste Berg der Welt? Diese Frage schließt sich bei Kindern meist nahtlos an. Na klar, das ist der Mount Everest im Himalaya.

Sollen wir das Ratespiel noch fortsetzen? Wer kennt die höchsten Gipfel der einzelnen Kontinente? In Europa ist es der Mont Blanc, in Afrika der Kilimanjaro, in Südamerika der Aconcagua, in Nordamerika der Mount McKinley und spätestens hier sollte man dann einen Atlas für weitere Bestimmungen zu Hilfe nehmen. Das Spiel können wir unterwegs auch noch ausdehnen auf Städte, Flüsse und vieles andere mehr.

Aber nun wollen wir uns auf den Weg machen! Übrigens erwartet uns auf dem höchsten Gipfel Württembergs ein besonders hoher Aussichtsturm.

Vom Parkplatz in Bolsternang gehen wir in die Ortsmitte zurück und rechts den „Kapfweg" in Richtung *Überruh* weiter. Als Markierung haben wir einen *roten Punkt.*

Wenig später heißt es für uns nach links in den Hohlweg abzweigen, allerdings sucht man hier eine Markierung vergeblich. Wir kommen aufwärts an Häusern und am Wasserbehälter vorbei und halten uns immer geradeaus auf die Klinikgebäude von Überruh zu. Erst kurz vor dem Haus zweigt unser Steig nach links ab und über Stufen gewinnen wir an Höhe. Über einen Weg hinüber und geradeaus weiter auf Stufen gelangen wir an eine Kreuzung. Hier befinden wir uns auf dem Hauptwanderweg 9 (HW 9 des Schwäbischen Albvereins), der vom Allgäu bis zum Heuberg, der mit 1 015 Metern höchsten Erhebung der Schwäbischen Alb, geht. Gegenüber folgen wir dem schmalen Pfad nach rechts in den Wald hinein. Der aufsteigende Hohlweg mündet in einen Schotterweg, den wir aber gleich wieder verlassen. Zuerst links und dann geradeaus in Richtung *Schletteralpe* und *Schwarzer Grat* wandern wir auf unserem kleinen Steig weiter. Die wenig später erreichte Schutzhütte „Säntisblick" mit Bänken lädt zu einer Trink- und Verschnaufpause ein. Weiter aufwärts überqueren wir den Schotterweg ein weiteres Mal und gehen gegenüber am

Hang links hoch. Die Steigung läßt daraufhin für eine Weile nach, und oben am Waldrand sehen wir einen *roten Balken*, der uns ab hier den Weg zum Schwarzen Grat weist.

An dieser schönen Stelle befand sich bis 1962 der höchste bewohnte Wohnsitz in Württemberg. Hier stand nämlich auf 1 020 Metern Höhe die Schletteralpe und sie diente über Jahrhunderte hinweg Mensch und Vieh als Unterkunft. 1963 fiel sie einem Brand zum Opfer und wurde nicht wieder aufgebaut.

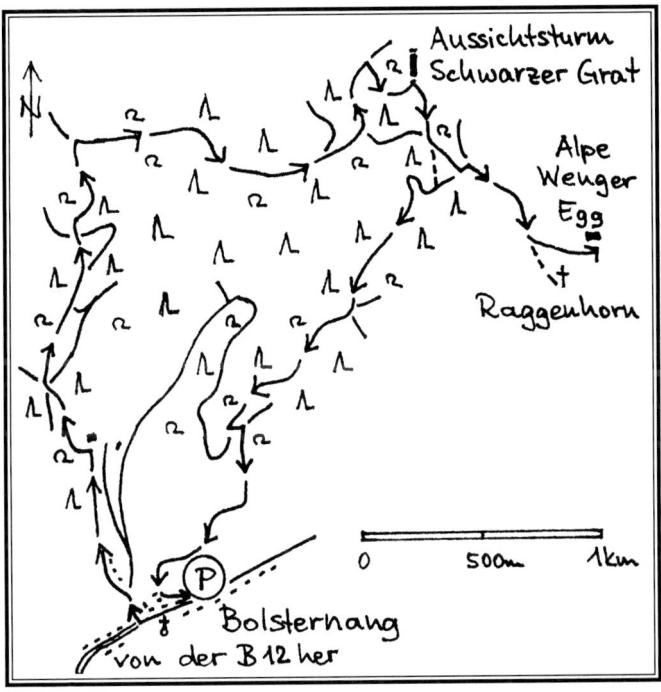

Nach rechts dem *roten Balken* nach haben wir nun erst mal ein erholsames Wegstück vor uns. Eben und sogar leicht bergab, teilweise sogar mit Aussicht, geht es weiter. Geradeaus nochmals aufwärts (Weg *Nr. 3*) und in einer Linkskurve auf dem gut markierten Weg ist es nicht mehr weit zum Schwarzen Grat. Inzwischen sind wir auch auf dem Hauptwanderweg 5 (HW 5), auf dem man vom Allgäu über die Schwäbische Alb und weiter bis in den Schwarzwald wandern kann. Jetzt aber dem Zeichen folgend nach rechts und in einem großen Bogen zum **Aussichtsturm auf dem Schwarzen Grat** hinauf! Der Turm ist viele Stockwerke hoch, dafür ist auch die Aussicht

An Ostern auf dem Schwarzen Grat

durch keinen Baumwipfel eingeschränkt. Hoch und runter hat man mehr als 300 Stufen zu steigen, wer zählt sie ganz genau?

Bei einer Rast können wir uns überlegen, was wir noch tun wollen. Gleich wieder hinabsteigen zum Parkplatz? Oder haben wir noch Lust auf einen Abstecher zur Alpe Wenger Egg?

Beidesmal steigen wir zunächst am Waldrand links dem *roten Balken* nach abwärts in Richtung *Wenger Egg* und *Bolsternang*. Wir treffen auf eine Kreuzung und nun müssen wir uns entscheiden, was wir noch machen wollen. Nach Bolsternang zurück geht es bezeichnet nach rechts hinunter, nach links erreichen wir in Richtung Wenger Egg auf ebenem Weg eine weitere Kreuzung. Nochmals nach links und dann nach rechts leicht bergab kommen wir zu der Alpe Wenger Egg. Gipfelstürmer haben die Möglichkeit, das fast am Weg liegende Raggenhorn zu besteigen. Das Gipfelkreuz ist vom Weg aus zu sehen und wirklich in wenigen Minuten erreicht. Belohnt wird der kurze Aufstieg mit einem schönen Blick weit ins Allgäu hinein.

Auf der Alpe läßt es sich bei frischer Milch und herzhaftem Bergkäse gut verweilen.

Zurück wandern wir das erste Stück auf dem gleichen Weg, auf dem wir hergekommen sind, dann an der Kreuzung links und nun geradeaus weiter.

Wir erreichen die Stelle, an der von rechts der direkte Weg vom Schwarzen Grat hinunter nach Bolsternang einmündet. Auf dem Schotterweg geht's weiterhin hinab, um eine Kurve nach links herum, und bald darauf sehen wir links vom Weg schöne Felsen aus Nagelfluhgestein. Nach Bolsternang geht es geradeaus weiter, zuerst ein Stück ebener und dann wieder steiler hinunter. Nochmals geradeaus und dann müssen wir gut aufpassen, daß wir den richtigen Weg erwischen. Schon vor der nächsten Kreuzung sehen wir links unten durch den Wald hindurch einen Schotterweg, auf den wollen wir! Also folgen wir an der Kreuzung nicht der Beschilderung nach Bolsternang, die uns geradeaus schicken würde, sondern wenden uns nach links: Ein kleines Schild mit der Bezeichnung *Nr. 3* kennzeichnet diesen Weg. Etwa eine Minute später – wer mag, zählt beim Gehen langsam auf 60 – geht der Laubwald in Nadelwald über. Unser schmaler Fußpfad, der uns nach Bolsternang hinunterbringt, zweigt hier zwischen zwei Fichtenreihen nach rechts ab. Im Wald geht es hinunter, ein Hohlweg schließt sich daran an. Wir kommen auf eine Weide hinaus, halten uns rechts und sehen unten schon unseren Parkplatz wieder. Links hinunter am Gebüsch entlang und dann auf einer gerade noch als Geländeabsatz zu erkennenden Spur am Hang entlang weiter. Wir spazieren hier parallel zu der unteren Straße, an der sich der Parkplatz befindet. Kennt jemand die Katzenminze? Hier wächst sie überall und sie ist an ihrem Pfefferminzgeruch ganz eindeutig zu erkennen. Nochmals durch einen Weidedurchgang hindurch und an den ersten Häusern von Bolsternang vorbei, schon sind wir wieder am Ausgangspunkt angelangt. Da wird sich jeder wundern, wie schnell wir vom Schwarzen Grat wieder heruntergekommen sind! Da haben wir sicher noch Zeit, einen Abstecher nach Wengen zu machen. Was gibt es da zu sehen?

Alphornbläser am Wenger Egg

In **Wengen** ist eine riesengroße Modelleisenbahnanlage, das **Miniland** zu besichtigen. Die liebevoll gestaltete Modell-Landschaft zeigt alle typischen Geländeformen und die dazugehörenden Bauformen der Häuser vom Meer bis zu den Alpen. Erst bei genauerer Beobachtung fallen die vielen kleinen und feinen Details auf. Wer kennt z. B. „Linstanz" am Bodensee? Schon mal gehört? Irgendwie kommt es einem doch bekannt vor! Ach ja, genau, das ist ein origineller Mix der Orte Lindau und Konstanz. In der Berglandschaft lassen sich durch ein Fernrohr Gemsen ausfindig machen, die Alphornbläser kann man sogar richtig hören. Man kann gar nicht alles aufzählen, was es zu entdecken gibt. Im Miniland machen wir eine Deutschlandreise, die wirklich jeder in ein paar Schritten bewältigen kann.

Besonders eindrucksvoll wirkt die Szenerie, wenn die Nacht einbricht, hier im Miniland zu jeder vollen Stunde. Da geht ein Feuerwerk hoch, dort läuft im Autokino ein Film und – oh Schreck und Graus – da brennt ein Haus. Bei näherem Hinsehen kann man jedoch auch darüber schmunzeln, denn es ist das Finanzamt, das da brennt!

Auf dem riesigen Tisch der Anlage sind dazu noch 60 Züge auf 1 500 Meter Schienen in ständigem Einsatz und auch modernste Technik hat hier Einzug gehalten: Es gibt einen Flughafen, auf dem Flugzeuge starten und landen.

▷ *Wie kommt man nach Bolsternang?*
Von Isny auf der B 12 in Richtung Kempten fahren und beschildert links nach Bolsternang abzweigen. Geradeaus durch den Ort hindurch bis zum Parkplatz auf der linken Seite.

○ *Weglänge:*
8 km, mit Abstecher zur Alpe Wenger Egg 2 km mehr, 250 Höhenmeter

Miniland Wengen
▷ *Wie kommt man hin?*
Auf der B 12 von Isny nach Wengen. Dort der Beschilderung nach links zum Miniland folgen. Parkplätze direkt am Haus.

△ *Öffnungszeiten:*
Mitte März bis 1. November und
25. Dezember bis Ende der Weihnachtsferien
täglich   9.30–18.00 Uhr
In der übrigen Zeit nur samstags, sonntags und feiertags. Die dann gültigen Öffnungszeiten bitte vorher erfragen.

∞ *Eintritt:*   Erwachsene   DM 6,50
                       Kinder ab 5 Jahren   DM 4,00

★ *Auskünfte:*   Telefon 0 83 75/86 22

❀ *Was man sonst noch erleben kann:*
Der Freizeit- und Miniaturpark bei Kleinweiler-Hofen ist von Bolsternang aus auch gut zu erreichen. Genaue Beschreibung siehe Kapitel 6.

☆ *Einkehrmöglichkeiten:*
Alpe Wenger Egg und in Bolsternang

▢ *Kartenempfehlungen:*
1 : 50 000 Bayerisches Landesvermessungsamt München
UK L11 Lindau – Oberstaufen und Umgebung
UK L17 Kempten und Umgebung

1 : 50 000 Landesvermessungsamt Baden-Württemberg
Blatt 23 Bad Waldsee, Isny

Zum Seelen-Verkäufer ❻

Rund um die Ruine Alt-Trauchburg

Die sorgfältig und fachkundig restaurierte Burgruine Alt-Trauchburg ist eine der schönsten Anlagen des Allgäus. Sitzbänke laden zu einer ritterlichen Tafelrunde ein, auch Kinder finden ein reichliches Betätigungsfeld in der ehemaligen Burganlage. Auf Schildern werden die früheren Nutzungen der Räume erklärt. Ganz links z. B. befand sich im Erdgeschoß der Vorratsraum, im ersten Obergeschoß war zu damaliger Zeit eine Kapelle und im zweiten Obergeschoß vermutet man eine Kemenate, also ein beheizbares Frauengemach. Der Burghof ist wieder, wie es früher üblich war, mit Rollsteinen gepflastert.

Man kann allen Beteiligten, die zu der Sanierung und Erhaltung der Alt-Trauchburg beigetragen haben, einen großen Dank und ein großes Lob aussprechen, das Werk ist wirklich gut gelungen.

Jetzt wird es aber Zeit, daß wir uns auf den Weg in Richtung Ruine machen.

Vom Parkplatz aus beginnen wir auf dem ausgeschilderten Waldlehrpfad unseren etwa halbstündigen Aufstieg zur Ruine Alt-Trauchburg. Gleich zu Beginn erhalten wir einen Tip, wie man zu einer guten Lunge kommt: Bei Sonnenaufgang gehe man morgens unter einen Baum, mache erst zehn leichte, dann fünf tiefe Atemzüge und wiederhole dies so lange, bis es 150 Atemzüge sind. Dabei ist es besonders vorteilhaft, sich als Baum eine Linde, einen Holunderbusch oder eine Tanne auszusuchen.

Was halten wir von solchen alten Hausmitteln? Auf den ersten Blick mögen sie vielleicht töricht erscheinen. Aber haben wir uns schon mal überlegt, wie lange ein Mensch ohne Essen auskommt? Klar, mehrere Tage und noch länger, wenn es sein muß. Wie lange kommt ein Mensch ohne Flüssigkeit aus? Da wird die Zeitspanne schon kürzer, nicht wahr? Und wie lange kommen wir ohne Atem, ohne Luft aus? Da verkürzt sich die Zeit nochmals ganz enorm auf nur wenige Minuten. Trotzdem schenken wir unserem Atem im allgemeinen sehr wenig Beachtung. Vielleicht ist diese Übung auf den zweiten Blick doch nicht ganz so unnütz? Also nützen wir die Gelegenheit, unsere Lungen vor dem Aufstieg zur Ruine ein wenig zu stärken. Oder haben wir uns gar schon einmal überlegt, daß wir durch unseren Atem mit allem verbunden sind, was uns umgibt? Alle Pflanzen, Tiere und Menschen atmen eigentlich die gleiche Luft. Die einen atmen die Luft ein, die die anderen ausgeatmet haben und umgekehrt. Das ist ein steter Kreislauf.

Auch unser Körper wird durch den Atem bis in den kleinsten Winkel mit Lebenskraft versorgt, was für unser Wohlbefinden wirklich notwendig ist, aber doch eher zur Selbstverständlichkeit und Alltäglichkeit gehört. Das bewußte und in bestimmter Weise durchgeführte Atmen (siehe obige Übung) bedeutet dennoch viel mehr als nur „Luftholen", es hat eine harmonisierende Wirkung auf unseren ganzen Körper. Besonders entspannend ist es, wenn die Ausatmung länger dauert als die Einatmung. Es ist ja auch bekannt, daß Sänger und Musiker von Blasinstrumenten eine gute Atemtechnik haben. Für uns als Wanderer ist es genauso wichtig, denn mit einer guten Atemtechnik fällt uns jeder Anstieg leichter. Hier können wir es gleich ausprobieren. Also los geht's auf dem steil ansteigenden Weg des Waldlehrpfades. Auf Tafeln werden die verschiedenen Bewohner des Waldes in Wort und Bild vorgestellt. Bald darauf sehen wir rechts eine kleine Schutzhütte und gehen links weiter, dem Waldlehrpfad nach. Fürs erste haben wir die Steigung geschafft und auf dem Schotterweg kommen wir wenig später an efeuüberrankten Felsen aus Nagelfluhgestein vorbei. Oben rechts sehen wir ein Holzgeländer, da wollen wir hin. Halt, aber nicht auf dem direkten Weg, sondern wir bleiben weiterhin auf unserem seitherigen, und erst nach

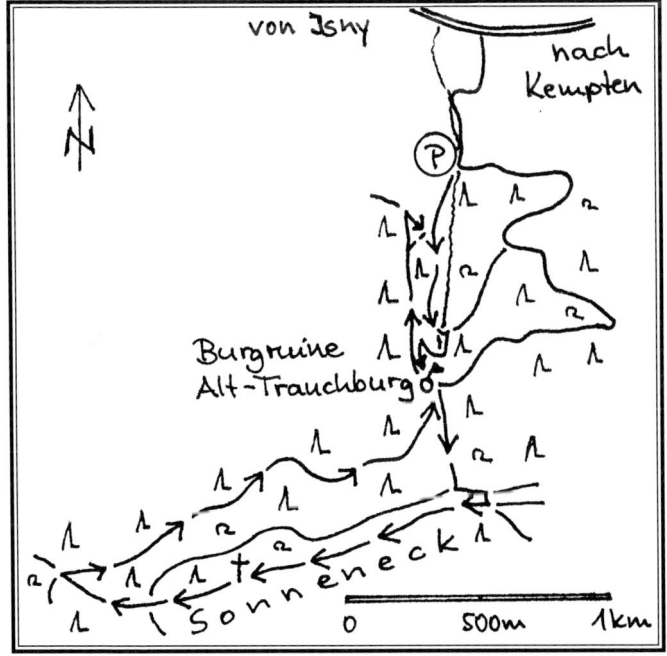

Ruine Alt-Trauchburg

dem Überqueren eines kleinen Baches heißt es nach rechts halten. Ein paar Stufen hoch, dann folgen wir einem schmalen Steig – wir befinden uns immer noch auf dem Waldlehrpfad – und stehen bald an dem schon gesehenen Holzgeländer und können nun nach unten blicken.

Links hoch und weiter geradeaus über den Weg hinüber, haben wir nun nach ein paar Schritten die ersten Mauerreste der Ruine vor Augen. Wenig später betreten wir die Burgruine **Alt-Trauchburg**. Von den Herrschaftsgemächern ist leider nicht mehr viel zu sehen, nur das Stiegenhaus, das anno dazumal dort hinaufgeführt hat, ist angedeutet.

Mit ihren vielen Ecken und Winkeln reizt die Burganlage zu Erkundungen. Der Außenbereich des Mauerwerks erstreckt sich nämlich noch viel weiter ins Gelände hinein, selbst das Gasthaus „Alt-Trauchburg" steht noch auf dem Burggelände. Die Spezialität des Hauses sind warme Seelen. Seelen sind etwa schuhlange Brötchen, die in der Mitte durchgeschnitten und lecker belegt werden. Es gibt sie mit Knoblauch, mit Käse, mit Schinken, es gibt vegetarische, es gibt einfach unendlich viele Variationen davon. Aber alle duften und schmecken herrlich!

Für einen gemütlichen Tag mag diese Tour schon ausreichen, aber vielleicht mag der eine oder die andere ja auch noch eine Runde dranhängen.

In diesem Falle gehen wir an der Gaststätte vorbei und weiter zum Parkplatz der Gaststätte hinunter. Geradeaus folgen wir den Wegweisern hinauf zum *Sonneck-Grat* und nach *Weitnau*. Der steil ansteigende Weg führt anfangs noch durch Wald, aber bald darauf öffnet sich der Blick übers Tal hinweg und zum Schwarzen Grat hinüber. Der Aussichtsturm des Schwarzen Grates (s. Kap. 5), der deutlich die Baumwipfel überragt, ist gut zu erkennen.

Weiter oben müssen wir links nach Weitnau auf dem Schotterweg weiter. Vom Weg zweigen wir auf den Pfad nach rechts in Richtung *Rechtis* und *Weitnau* ab und gleich darauf halten wir uns nochmals rechts in Richtung *Klausenmühle* und *Seltmans*. Auf einem kleinen Pfad können wir nun oben am Grat entlangpirschen. Junge Fichten und Brombeergestrüpp wuchern immer wieder in die schmale Wegspur, aber sie ist als solche durchweg zu erkennen. Wir wandern auf dem Grat, das bedeutet, wir sind an der höchsten Stelle, und rechts und links von uns geht es nur hinunter. Der wunderschöne Höhenweg führt uns auch über Weiden, die teilweise bis an den Wald heraufreichen. Unter uns liegt Weitnau und der Blick schweift weit in den Süden. Weiterhin halten wir uns in Richtung Klausenmühle, aber ehe wir im Unterholz landen, müssen wir uns im nächsten Waldstück ein wenig nach links orientieren. Es ist richtig, daß es bergauf geht, selbst an einem Gipfelkreuz kommen wir vorbei. Nun haben wir die herrliche Wegstrecke auf dem Grat schon fast abgewandert. Mutig geht es weiter geradeaus und dann langsam schon wieder abwärts. Den ersten Schotterweg überqueren wir und steigen weiter abwärts in Richtung Klausenmühle und Seltmans. Wieder stoßen wir auf einen Schotterweg, dem wir nun aber nach rechts zurück zur Ruine Alt-Trauchburg folgen müssen.

Auf dem Weg zurück bieten sich Denk- und Ratespiele an. Wie wär's mit einem Tierratespiel? Einer denkt sich ein Tier aus und die anderen müssen durch geschickte Fragen, die nur mit ja oder nein beantwortet werden dürfen, das gesuchte Tier herausfinden.

Viel Spaß im Freizeit- und Miniaturpark Allgäu

Die Burgruine sieht man beim Rückweg wie ein Gespenst aus dem Wald herausleuchten und bald darauf ist sie auch schon wieder erreicht.

Für den Abstieg zum Parkplatz zurück gehen wir die ersten Schritte so wie wir beim Aufstieg gekommen sind und halten uns darauf links den Weg hinunter. Abwärts durch den Wald erkennen wir dann weiter unten die Schutzhütte vom Aufstieg wieder. Wer mag, nimmt die direkte Abkürzung zu ihr hin, ansonsten müssen wir an der nächsten Möglichkeit rechts, und dann an der Schutzhütte nach links kehren wir auf dem schon bekannten Abschnitt des Waldlehrpfades zum Auto zurück.

▷ *Wie kommt man zum Parkplatz bei der Ruine Alt-Trauchburg?*

Von Isny in Richtung Kempten fahren und nach links in Richtung Wengen auf die alte B 12 abbiegen. Nach etwa 1 km folgen wir der Beschilderung nach rechts zur Alt-Trauchburg. Der Parkplatz mit Wassertretanlage befindet sich in einer Wegkurve am Waldanfang.

○ *Weglänge:*

ganze Strecke 7 km, knapp 300 Höhenmeter

Aufstieg zur Burgruine etwa eine halbe Stunde

❀ *Was man sonst noch erleben kann:*

In Kleinweiler-Hofen gibt es einen Freizeit- und Miniaturpark. Er ist in zwei Bereiche aufgeteilt: Es gibt einmal ein Außengelände und dann noch eine große, überdachte Halle. Im Außengelände fällt einem sofort das Modell von Schloß Neuschwanstein auf, natürlich darf auch Hohenschwangau nicht fehlen.

In der Halle begeben wir uns auf eine kleine Weltreise: Bekannte Bauwerke und typische Landschaftsformen der ganzen Welt lernen wir bei einem Rundgang kennen. China, Ägypten und die Niederlande, Griechenland, der Eiffelturm und natürlich auch viele deutsche Burgen, Kirchen und Dome und noch vieles mehr finden wir wohl nicht so schnell wieder so nahe beieinander. So macht Erd- und Länderkunde Spaß!

▷ *Wie kommt man zum Freizeit- und Miniaturpark?*

Von Isny auf der neuen B 12 in Richtung Kempten. An Kleinweiler-Hofen vorbei und dann nach rechts Richtung Boschensäge abzweigen. Der Miniaturpark ist schon von der Straße aus zu sehen.

△ *Öffnungszeiten:* April bis November   9.30–18.00 Uhr
                          Dezember bis März   10.00–17.00 Uhr
Betriebsurlaub im November/Dezember (bitte bei Bedarf den Termin genauer nachfragen!)

∞ *Eintritt:*   Erwachsene   DM 10,00
                   Schüler   DM 8,00
                   Kinder 6 bis 14 Jahre   DM 5,00

★ *Auskünfte:*   Telefon 0 83 75/16 07 und 81 84
                   (Infotelefon für zusätzliche Programmangebote)

☆ *Einkehrmöglichkeiten:*
Alt-Trauchburg, Freizeit- und Miniaturpark

✿ *Geheimtip:*
Zur Ruine und zur Gaststätte Alt-Trauchburg kann man auch ganz mit dem Auto hochfahren.

▭ *Kartenempfehlungen:*
1 : 50 000 Bayerisches Landesvermessungsamt München
UK L11 Lindau – Oberstaufen und Umgebung
UK L17 Kempten und Umgebung

1 : 50 000 Landesvermessungsamt Baden-Württemberg
Blatt 23 Bad Waldsee – Isny

Haben sich hier Regenmännle ❼ versteckt?

Durch den Falltobel bei Niedersonthofen

Wer bei dieser Tour unterwegs ist, hat vor allem nach Regentagen oder einem vorangegangenen Tag mit Gewitter große Chancen, einen – oder auch mehrere – Regenmännle, zu Gesicht zu bekommen. Dann fühlen sie sich nämlich wohl und verlassen ihre Verstecke, in denen man sie sonst nie finden würde. Überraschenderweise sitzen sie dann mitten auf dem schmalen Weg und man muß sehr darauf achten, daß man sie nicht übersieht. So flink sind die glänzend schwarzen Alpensalamander, von denen hier die Rede ist, nämlich nicht, daß sie auf die Schnelle ausweichen könnten, nur ganz gemächlich tapsen sie von dannen. Deshalb bleibt für uns ausreichend Zeit, die kleinen Tiere zu beobachten.

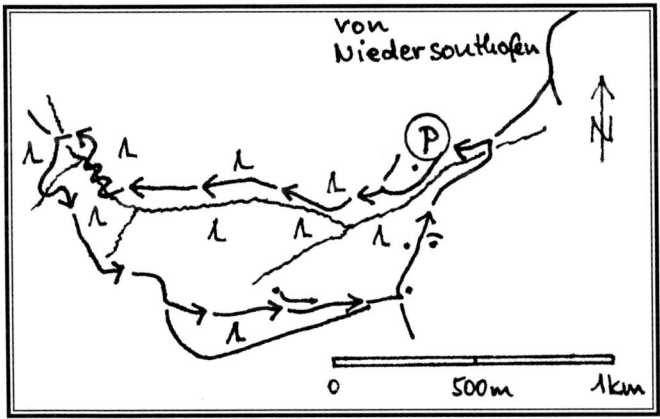

Die Regenmännle eignen sich auch als gute „Wetterfrösche": Steigen sie bergaufwärts, wird das Wetter besser, wandern sie eher talwärts, ist mit Niederschlägen zu rechnen.

Aber, wie gesagt, nicht jeden Tag hat man das Glück, den schwarzen Alpensalamandern zu begegnen. Dafür hat die andere Sehenswürdigkeit, die zwar auch immer in Bewegung ist, keine Chance, uns davonzulaufen. Was könnte das wohl sein? Da wir hier durch einen Tobel wandern, ist es sicher nicht allzu schwer, dies zu erraten.

Das Schöne an der Tour ist, daß wir fast die ganze Runde auf schmalen und abwechslungsreichen Pfaden zurücklegen, erst gegen

Wasserfall im Falltobel

Ende kommen wir auf befestigte Wege. Vielleicht lockt bei entsprechendem Wetter zum Abschluß noch ein Bad im nahegelegenen Niedersonthofener See?

Vom Parkplatz am Ende der „Mühlenbergstraße" gehen wir am Bach entlang im Tal weiter. Der Wegweiser verrät schon den Wasserfall, der oben bei der Frage natürlich die richtige Lösung gewesen ist.

Auf dem befestigten Weg wandern wir anfangs neben dem plätschernden Bach dahin. Dann folgen wir aufwärts unserer Markierung, dem *roten Punkt*, und zweigen in der Wegkurve bezeichnet nach links ab. Ein paar Stufen hoch und auf einem schönen Wurzelweg durch den Wald gehen wir weiter. Vom Bach haben wir uns im Moment ein wenig entfernt, aber schon bald darauf kehren wir zum schmalen Flüßchen zurück. Das Auf und Ab auf dem schmalen Pfad, mal mehr und mal weniger dicht am Wasser, setzt sich noch eine Weile fort. Dann wird es im **Falltobel** richtig abenteuerlich: Über mehrere Brückchen (die bei Nässe fürchterlich rutschig sind!) überqueren wir den Bach mehrere Male, schlüpfen an einer Engstelle zwischen einem Felsblock und einem Baum hindurch und dann sind wir an einer Stelle angekommen, die wir unwillkürlich zu einem „technischen Halt" nützen sollten. Was ist das, ein technischer Halt? Einer hat vielleicht Hunger bekommen, die nächste möglicherweise Durst und die anderen wollen sich „nur" am Wasser vergnügen. Außerdem sind wir hier schon fast an dem angekündigten Wasserfall. Um ihn zu sehen, gehen wir an der Brücke geradeaus weiter und klettern über ein paar Felsen hinüber. Dann stehen wir davor. Toll, wie das Wasser da von oben herunterfällt!

Über einen Holzsteg mutig aufwärts in Richtung *Rieggis* und *Gopprecht* verabschieden wir uns von dem eindrucksvollen Falltobel. Wir folgen den *roten Punkten* an den Bäumen aufwärts und steigen dann wieder zum nächsten Brücklein hinunter. Hier halten wir uns links in Richtung Gopprecht, immer noch ist der *rote Punkt* unsere Markierung. Weiterhin bleiben wir im Wald, dann kommen wir in Weidegebiet hinein. Links am Zaun entlang und schon kurz darauf kommt der nächste Wegweiser in Richtung Gopprecht. Den *roten Punkten* nach hinunter, wieder über eine Brücke drüber (hat jemand mitgezählt, wieviele es bisher schon waren?) – und wie geht es jetzt weiter? Natürlich wieder ein wenig bergauf! Unten hören wir den Wasserfall rauschen, wir sind also noch gar nicht weit weg davon, wer hätte das gedacht? Der Weg wird wenig später ebener und breiter, ein kurzes Stückchen geht's am Waldrand entlang, immer gut markiert. Auf dem federnden Boden ist das Gehen sehr angenehm. Nochmals durch den Wald hindurch, dann erreichen wir mal wieder ein Weidegebiet. Nach links weiter, an einer Feldscheuer vorbei und geradeaus auf dem Schotterweg hinunter. Nochmals muß ein Weidezaun überstiegen werden und dann halten wir nach rechts nach einer roten Weideschleuse und einem *rotmarkierten* Baum im Wald Ausschau. Dahin müssen wir!

Der Weg, auf den wir treffen, zieht in einer Linkskurve hinunter. Auf diesem aussichtsreichen Weg können wir die schöne Allgäuer

Voralpenlandschaft rund um den Niedersonthofener See und weit darüber hinaus in uns aufnehmen.

Unser Weg mündet in einen Fahrweg ein. Geradeaus weiter bis zur nächsten Kreuzung, dann links immer noch mit dem *roten Punkt* markiert, hinunter in Richtung Niedersonthofen. An der nächsten Möglichkeit geht's nochmals links hinunter, der nun folgende Schotterweg ist wirklich ordentlich steil. An der Brücke über dem Bach wissen wir nun genau, welchen Weg das Wasser schon hinter sich hat.

Nur noch wenige Meter nach links und der Parkplatz ist wieder erreicht.

▷ *Wie kommt man zum Parkplatz bei Niedersonthofen?*
Von Kempten in Richtung Immenstadt auf der B 19 fahren. Nach Waltenhofen beschildert in Richtung Memhölz und Niedersonthofen nach rechts abzweigen.
Wir kommen am langgestreckten See mit Bade- und Surfmöglichkeit vorbei und fahren hinein nach Niedersonthofen. An der Kirche vorbei und immer geradeaus die „Mühlenbergstraße" entlang. Am Gasthof „Engel" vorbei und weiter zum Parkplatz am Ende der Straße bzw. an der Eisbahn (im Winter) beim „Holzach-Stüberl".

○ *Weglänge:*
knapp 6 km, immer wieder kleine Auf- und Abstiege

❀ *Tip:*
angenehme Runde auch für einen wärmeren Tag, da der Großteil der Strecke im Wald verläuft

☆ *Einkehrmöglichkeiten:*
in Niedersonthofen

▭ *Kartenempfehlung:*
1 : 50 000 Bayerisches Landesvermessungsamt München
UK L17 Kempten und Umgebung

Den Archäologen bei ihrer Arbeit zuschauen ❽

Wanderung und Burgbesichtigung bei Sulzberg

Die Archäologen sind doch fleißige Leute: Tagaus, tagein sieht man sie graben, vermessen und zeichnen und das sogar das ganze Jahr über. Wo gibt es denn so etwas? Es muß sich wohl wirklich lohnen, im Untergeschoß des Bergfrieds der Burgruine Sulzberg das Gelände zu untersuchen, denn dort findet man die ausdauernden Burgenforscher. Den Museumsbesuchern präsentieren sich die lebensgroßen Puppen wirklich so, als ob man ihnen bei einer echten Ausgrabung über die Schulter schauen würde. Man meint, die archäologischen Ausgräber stehen mitten in ihrer alltäglichen Arbeit. Die Werkzeuge, mit denen oft in mühevoller Kleinarbeit gearbeitet wird, lassen sich ganz ausführlich studieren.

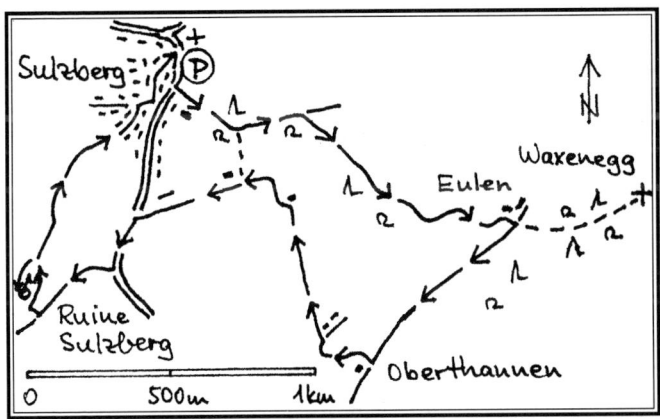

Auf unserer Runde besuchen wir natürlich das Burgenmuseum im Bergfried der Burgruine Sulzberg, in dem wir noch viel mehr Wissenswertes aus der langen und wechselvollen Geschichte der Burg erfahren. Bei der Wanderung, die auch zu einem kurzen Spaziergang abgekürzt werden kann, lernen wir den Reisachtobel und die nähere Umgebung von Sulzberg kennen.

In der Ortsmitte von Sulzberg folgen wir der „Sonthofener Straße" ortsauswärts. Schon nach wenigen Schritten sehen wir einen Wegweiser, der den Reisachtobel nach links ausweist. Wir biegen von der Straße ab, kommen am Feuerwehrgerätehaus vorbei, und wenig später finden wir uns im Wald auf einem schmalen Pfad neben einem

Bächlein in einem verträumten Tal wieder. Bald darauf erreichen wir eine Gabelung. Hier könnten wir bei Bedarf ganz enorm abkürzen, wenn wir uns entscheiden, nach rechts weiterzugehen. Am Schützenhaus vorbei und dann wieder nach rechts, schon ist man wieder auf der größeren Runde.

Für die größere Runde halten wir uns an der Gabelung nach links über einen Steg hinüber in Richtung *Eulen* und *Waxenegg*. Die Befestigungen an den Bachrändern zeigen an, daß in diesem Bach zu Zeiten der Schneeschmelze mit deutlich mehr Wasser gerechnet werden kann. Das sanfte Plätschern des Baches begleitet uns beim Weitergehen durch den **Reisachtobel**, hier ist der Weg wirklich romantisch.

An einer Weideschleuse

Unsere Richtung heißt weiterhin *Eulen*, der wir nach rechts folgen. Der Klang von Kuhglocken kündigt schon von weitem eine Weide an. Am Rande der Weide steigen wir aufwärts und das Höherkommen ermöglicht schöne Aussichten in das Allgäuer Voralpenland hinaus. Nach links weiter und noch um eine Kurve herum und schon sind durch Buschwerk hindurch die Gehöfte namens Eulen zu erkennen. Geradeaus über den Fahrweg hinweg und über die Weide hinauf geht unser Weg in Richtung *Waxenegg* weiter. Aussichtsreich steigen wir am Waldrand aufwärts, ehe wir dann in den Wald hineinkommen. Wir wandern in einen richtigen Tunnel hinein, denn das grüne Blätterdach schließt sich über uns fast vollständig. An vielen Haselnußsträuchern vorbei und zum Schluß durch eine Weide hindurch, erreichen wir die kleine Kapelle bei Waxenegg.

Nach einer kleinen Verschnaufpause steigen wir wieder nach Eulen hinunter und halten uns nach links auf dem Fahrweg nach *Oberthannen*. Bald sehen wir auf der rechten Seite die Masten eines Skiliftes. Am ersten Haus von Oberthannen zweigen wir nach rechts ab und gehen hinunter und weiter um die Kurve herum. Sind wir hier richtig? Es sieht aus, als ob die Welt hier aufhören würde! Tatsächlich, noch vor dem letzten Haus geht unser Weg nach links hinunter, durch ein Weidegatter hindurch betreten wir den Hang, auf dem im Winter die Skifahrer hinunterwedeln. Noch immer halten wir uns am Zaun entlang, dann werden wir wieder durch ein Weidegatter geschleust. Nun müssen wir quer über die Skipiste hinunter. Ein guter Anhaltspunkt sind die Bäume, die man unten sieht, auf die halten wir zu. Durch eine weitere Weideschleuse hindurch und nun bleiben wir nicht mehr auf der Skipiste, sondern halten uns geradeaus auf das nächste Haus zu bzw. ein wenig links davon, da sich hier der nächste Weidedurchgang befindet. Dessen orange Farbe ist ein guter Anhaltspunkt.

Wir treffen auf einen Fahrweg, der uns um eine Kurve herum oberhalb vom Schützenhaus vorbeiführt. Von rechts her kommen hier diejenigen, die die kurze Variante gewählt haben, wieder auf die gemeinsame Runde. Geradeaus weiter erreichen wir die Fahrstraße, der wir für wenige Meter folgen müssen. Aber kurz darauf können wir sie schon wieder nach rechts verlassen und haben nun Zeit, nach Resten des ehemaligen Schlosses Sulzberg Ausschau zu halten. Den wuchtigen Bergfried, in dem sich das Burgmuseum befindet, hat bestimmt jeder gleich entdeckt.

Über eine Wiese geht der Fußweg nach rechts hinauf, und nochmals nach rechts gehen wir in einem großen Bogen weiter bis zum Eingang des ehemaligen Schlosses.

Burg Sulzberg

Eine Tafel informiert über die umfangreichen Sanierungsarbeiten der **Burgruine Sulzberg**. Schon Mitte des 17. Jahrhunderts wurde das Schloß von seinen Bewohnern verlassen und ab diesem Zeitpunkt dem Verfall preisgegeben.

Im Burgmuseum erfährt man z. B. was man unter *Dendrochronologie* versteht und warum sie für die Archäologie so wichtig ist. Dendrochronologie ist eine Methode, um das Alter von Hölzern festzustellen und damit auch das Alter von den Gebäuden, in denen sie verbaut wurden, bestimmen zu können. Wie das geht? Die Wissenschaftler gehen von der Annahme aus, daß Bäume derselben Holzart in der gleichen Zeit unter gleichen klimatischen Bedingungen annähernd gleiche Jahresringe entwickeln. Und diese Jahresringe sind keineswegs jedes Jahr gleich breit, da gibt es wirklich Unterschiede. Anhand dieser mal breiteren und mal engeren Jahresringe läßt sich das Ergebnis eines untersuchten Holzes wie auf einer Tabelle ablesen.

Im Museum findet man zu vielen Bereichen wie Bauforschung, Geschichte und tägliches Leben viele Fundstücke und Beschreibungen. Und wie gesagt, die fleißigen Archäologen im Untergeschoß sind weiterhin an der Arbeit!

Ganz oben vom Bergfried bietet sich eine herrliche Rundumsicht. Die restaurierte Palastwand läßt noch erahnen, wie sie vor der Sanierung ausgesehen hat.

Wer genug gesehen hat, macht sich auf den Rückweg nach Sulzberg. Wir verlassen das historische Gemäuer auf dem gleichen Weg wie wir gekommen sind und sehen geradeaus den Kirchturm von Sulzberg. Nach links zweigt ein Weg ab, den nehmen wir. Abwärts gehend erreichen wir einen Weidedurchgang. Auf einem Trampelpfad über die Wiese halten wir auf die Feldscheuer zu. Hier geht es dann nach rechts weiter, wieder auf den Kirchturm zu.

Wir setzen unseren Weg auf einer Anliegerstraße fort, es ist der „Burgweg". Nach rechts, auf der „Martinszellerstraße" und wenig später nach links auf dem „Schmiedweg" erreichen wir unseren Ausgangspunkt in der Ortsmitte von Sulzberg wieder.

▷ *Wie kommt man nach Sulzberg?*
Sulzberg liegt südlich von Kempten, es ist die erste Autobahnausfahrt nach dem Autobahndreieck Allgäu, wenn man in Richtung Sonthofen weiterfährt. Parkmöglichkeiten in der Ortsmitte.

○ *Weglänge:* 7,5 km, knapp 250 Höhenmeter
verkürzt 3,5 km

Burgmuseum Sulzberg
△ *Öffnungszeiten:* Mai bis Oktober
an Sonn- und Feiertagen 13.30–16.30 Uhr

∞ *Eintritt:* Erwachsene DM 3,00
Schüler ab 14 Jahren DM 1,00

★ *Auskünfte:*   Telefon 0 83 76/9 20 10   (Verkehrsamt Sulzberg)
                      0 83 76/92 02 40 (Führungen)

☆ *Einkehrmöglichkeiten:*
verschiedene Gasthöfe in Sulzberg

❀ *Was man sonst noch erleben kann:*
Im nahegelegenen Sulzberger See (man kommt bei der Anfahrt daran vorbei) läßt sich in der warmen Jahreszeit ein erfrischender Badeaufenthalt einplanen.

▭ *Kartenempfehlung:*
1 : 50 000 Bayerisches Landesvermessungsamt München
UK L17 Kempten und Umgebung

Die Wissenschaft hat festgestellt ...

Rundtour zum Enschenstein und durch die Hausbachklamm bei Weiler

Wer kennt das lustige Liedchen, was die Wissenschaft alles festgestellt hat? Danach enthält Margarine Fett, Knackwurst Pferdefleisch, Coca Cola Schnaps und Zigaretten Heu.

Natürlich regen solche Lieder zum Erfinden neuer Strophen an und beim Wandern geht das gerade besonders gut. Da kann man nämlich alle Eindrücke und Gegebenheiten des Weges und der Um-

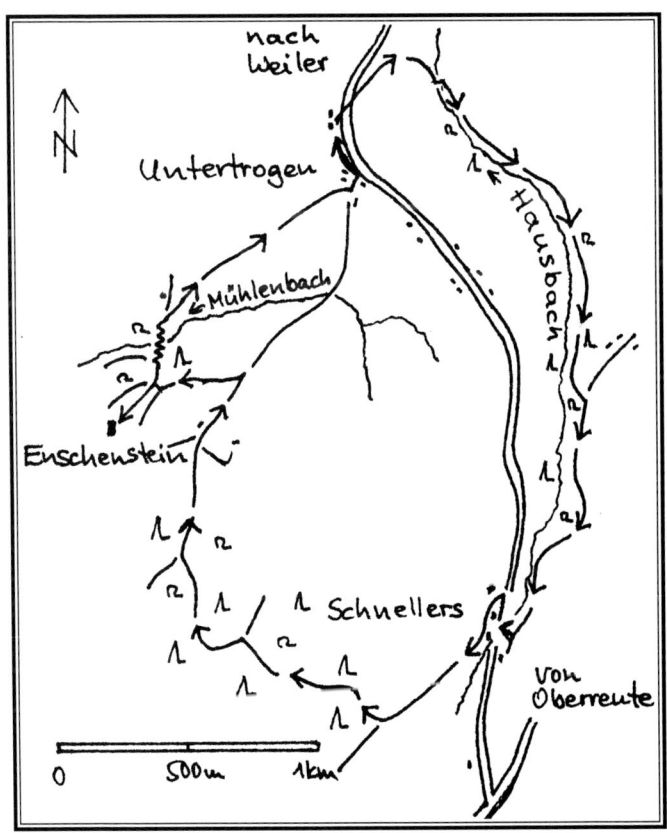

gebung mit einfließen lassen. Was da an Strophen herauskommt, ist oft erstaunlich!

Es bleibt jedem selbst überlassen, ob er den Wissenschaftlern Glauben schenkt, die festgestellt haben, daß der Enschenstein, den wir auf unserer Runde besuchen, schon vor fast 2 500 Jahren eine illyrische Felsenburg dargestellt hat. Illyrien war in der Antike die Bezeichnung für das Küstenland östlich des Adriatischen Meeres. Reste von einer Burg sind heute jedoch auf dem Enschenstein nicht mehr zu erkennen, nur ein Gedenkstein erinnert an die ehemaligen Erbauer.

Beim letzten Teil der Runde durch die Hausbachklamm können wir als Wissenschaftler selber feststellen, wie das Wasser auf unsere Steine und auf unsere Staudämme reagiert.

Los geht's! Vom Parkplatz in Schnellers gehen wir die Straße einige Meter aufwärts und zweigen dann nach links in Richtung *Hinterschweinhöf* und *Trogener Moos* ab. Oberhalb der Häuser von Schnellers spazieren wir auf dem Schotterweg entlang, der uns bald darauf in den Wald hineinführt. An der Gabelung nehmen wir die rechte Möglichkeit in Richtung *Weiler,* und der Weg durch den schönen Wald geht nun sogar leicht abwärts.

An der nächsten Verzweigung heißt es für uns geradeaus zu bleiben. Bald darauf stoßen wir auf einen weiteren Schotterweg. Geht es hier nun nach rechts oder links weiter? Kein Schild gibt Auskunft, aber nach links ist für uns die richtige Richtung. Was haben die Wissenschaftler denn inzwischen schon alles festgestellt, gibt es erste Ergebnisse?

Leicht abwärts läßt es sich gut weiter forschen und an der nächsten Einmündung folgen wir geradeaus der Beschilderung nach *Untertrogen.* Bald darauf kommen wir aus dem Wald hinaus auf helle, sonnige Wiesen und Weiden. Der Blick auf die verstreut liegenden Höfe an den Hängen ringsum ist sehr schön anzuschauen und ja auch so ganz typisch fürs Allgäu.

Links erkennen wir die Liftmasten eines Schlepplifts für die Skifahrer im Winter.

An einer Feldscheuer geht's vorbei und dann ein wenig hinab. Hier müssen wir nun nach links beschildert zum Enschenstein abbiegen. Durch Weidezäune hindurch und zum Wald hinunter. Dann folgen wir nach rechts dem Wegweiser *Menschenstein.* Der Enschenstein wird auch Menschenstein genannt, obwohl die wahrscheinlichere Herkunft des Namens sich von den Enzen, was soviel wie Riesen bedeutet, ableitet.

Nur kurz nach rechts und dann heißt es, den Enschenstein zu besteigen. Ein schmaler Fußpfad zieht sich nach links den Bergrücken hinauf. Oben geradeaus weiter bis zum Gedenkstein und einer Rastmöglichkeit mit Bänken.

Hier sind wir auf dem Enschenstein

Der **Enschenstein** soll auch den Römern beim Eindringen der Alemannen Schutz geboten haben. Da bekommt man natürlich Lust, sich ein wenig umzuschauen, aber Vorsicht, das Gelände ist nicht abgesichert und teilweise geht es abseits des Weges unvermittelt senkrecht hinunter. Aber den Enschenstein kann man sich wirklich gut als Standort für eine Fliehburg vorstellen.

Wir steigen vom Enschenstein wieder hinab und eigentlich würde unser Weg geradeaus weiter hinunter führen. Doch sollten wir von unten noch ganz geschwind einen Blick auf die hochaufragende Felswand des Enschensteins werfen. Links um die Kurve herum und schon stehen wir vor der beeindruckenden Felswand.

Nach diesem kleinen Abstecher heißt die Richtung nun *Krähnberg, Weiler*. Steil hinab auf einem kleinen Steig, teilweise über Stufen, erreichen wir die Brücke über den Mühlenbach. Genauso steil müssen wir anschließend auf der anderen Seite den Berg wieder hinauf. Als willkommene Aufstiegshilfe bietet sich ein Seil an, an dem wir uns bei Bedarf hochziehen können. Wir betreten eine Weide und halten uns geradeaus am Waldrand entlang auf *Untertrogen* zu. Auf einem Wiesenweg geht es bald darauf weiter und wenig später sind die Häuser der kleinen Ortschaft erreicht. Links bis zur Straße hoch, dann nochmals links auf der Straße hinunter und am Pflegeheim vorbei. Dann halten wir uns auf den Fahrweg nach rechts, die Hausbachklamm ist hier schon ausgeschildert. An der Kläranlage noch vorbei und bald kündigt ein Rauschen die **Hausbachklamm** an. Über die Brücke hinüber, dann rechts in Richtung *Schnellers* und *Grillplatz*. Wie schön, daß es hier gleich zu Beginn eine flache Stelle im Bach gibt und der Weg gerade daran vorbeiführt. Das ist bestimmt genau das erwünschte Arbeitsgebiet der kleinen und großen Wissenschaftler! Auch der Grillplatz befindet sich gleich hier.

Der Steig in der angenehm kühlen Hausbachklamm ist nicht so spektakulär wie der in der Starzlach- oder Breitachklamm. Aber trotzdem, es macht Spaß, auf dem abwechslungsreichen Weg am Bach entlang zu wandern. Wir kommen nochmals an einem kleinen Rastplatz vorbei, später müssen wir auf Stufen steil den Berg hinauf. Oben am Waldrand entlang wandern wir nach rechts weiter, der *Nr. 4* und *Nr. 5* folgend. Wir gehen dem beschilderten Weg in Richtung Schnellers nach, überqueren eine Weide und zuletzt überqueren wir noch eine Brücke nach rechts: Wir haben unseren Ausgangspunkt wieder erreicht.

Wer ist eigentlich gerne mit Wanderstock unterwegs? Wanderstöcke aller Art (auch mit eingebauten Waffen!) und natürlich noch vielerlei andere interessante Gegenstände sind im **Westallgäuer Heimatmuseum** in Weiler zu besichtigen. Ein weiteres Beispiel sei noch herausgegriffen: Die Strohhutfertigung, die in Weiler eine alte Tradition hat, wird mit vielen Modellen anschaulich dargestellt. Haarspalterei wird dabei zwar nicht betrieben, aber Halmspalterei war äußerst wichtig für die Fertigung der unterschiedlichsten Strohhüte.

Ein weiteres Museum in Weiler ist das **Kornhaus**. Im ehemaligen Kornspeicher gibt es Sonderausstellungen und landwirtschaftliches Arbeitsgerät zu sehen.

▷ *Wie kommt man nach Schnellers?*

Auf der B 308 von Immenstadt über Oberstaufen weiter in Richtung Lindenberg fahren. Die Bundesstraße nach links in Richtung Oberreute verlassen. Durch Oberreute hindurch und weiter über Stadels und Schönebühl nach Vorderschweinhöf. Hier rechts abzweigen nach Schnellers. Der Parkplatz befindet sich rechts an der Straße.

○ *Weglänge:*   9 km

Westallgäuer Heimatmuseum

▷ *Wie kommt man hin?*

Vom Parkplatz an der Straße geradeaus über Ober- und Untertrogen nach Weiler im Allgäu. In der Ortsmitte rechts und schon sieht man gegenüber das Westallgäuer Heimatmuseum in der „Hauptstraße 1", das im ehemaligen stattlichen Gasthaus „Zum Löwen" untergebracht ist und mehrere Stockwerke umfaßt. An den schmucken Fensterläden erkennt man das Gebäude gleich.

△ *Öffnungszeiten:*

Sommer:	dienstags und donnerstags	14.30–17.00 Uhr
	mittwochs und samstags	10.00–12.00 Uhr
	und	14.30–17.00 Uhr
	sonntags	10.00–12.00 Uhr
Winter:	mittwochs	10.00–12.00 Uhr
	und	14.30–17.00 Uhr
	samstags und sonntags	10.00–12.00 Uhr

∞ *Eintritt:*

Erwachsene	DM 2,00
Kinder ab 10 Jahren	DM 0,50
Kinder unter 10 Jahren	frei

★ *Auskünfte:*   Telefon 0 83 87/6 50

Kornhausmuseum

▷ *Wie kommt man hin?*

Das Kornhaus befindet sich in der „Hauptstraße 11", also brauchen wir nur zu Fuß die „Hauptstraße" hinuntergehen bis zu dem schön renovierten Gebäude mit den gleichen hübschen Fensterläden, wie wir sie im Westallgäuer Heimatmuseum schon gesehen haben.

△ *Öffnungszeiten:*

Sommer:	dienstags und donnerstags	14.30–17.00 Uhr
	mittwochs und samstags	10.00–12.00 Uhr
	und	14.30–17.00 Uhr
	sonntags	10.00–12.00 Uhr
Winter:	geschlossen	

∞ *Eintritt:*

	Erwachsene	DM 2,00
	Kinder ab 10 Jahren	DM 0,50
	Kinder unter 10 Jahren	frei

★ *Auskünfte:* Telefon 0 83 87/16 54

☆ *Einkehrmöglichkeiten:*
im Museumsstüble im Westallgäuer Heimatmuseum (nur Geträn-ke), in Schnellers und in Weiler

▢ *Kartenempfehlung:*
1 : 50 000 Bayerisches Landesvermessungsamt München
UK L11 Lindau – Oberstaufen und Umgebung

Auf hohem Niveau

Von Wiedemannsdorf zur Salmaser Höhe

Hoch über dem Tal der Konstanzer Ache erhebt sich die Salmaser Höhe. Der Höhenzug setzt sich nach Osten mit der Thaler Höhe fort und der ganze Höhenzug ermöglicht weite Ausblicke nach allen Richtungen. Unser Auf- und Abstieg erfolgt von der Südseite her, daher ist dies eine schöne Tour, die man schon im Frühjahr unternehmen kann.

Das Tal zwischen Immenstadt und Oberstaufen ist eine alte wichtige Verkehrsverbindung. Schon zur Römerzeit führte die „Via decia", eine Heerstraße, durch das Tal. Später war es die Salzstraße, die durch unseren Ausgangspunkt Wiedemannsdorf verlief. Vor einigen Jahrhunderten wurden hier zahlreiche Tonnen an Salz von den Händlern durchs Tal gefahren. Gefahren worden, womit denn eigentlich? Wer hat da sofort an Lastkraftwagen gedacht? Nein, die Leute mußten sich damals mit Pferdefuhrwerken auf den Weg machen, manche trugen das Salz auch in großen Körben auf ihrem Rücken. Wie gut, daß in unseren Rucksäcken nicht nur Salz drin ist.

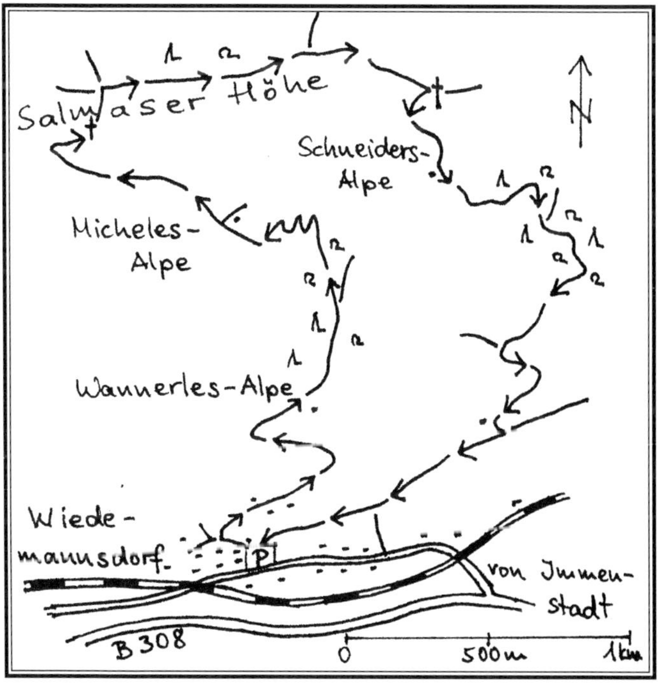

Salz ist ja bekanntlich ganz schön schwer und man kann damit weder den Durst löschen noch den Hunger stillen. So wichtig es in Maßen ist, so ungenießbar ist es in Massen.

Vom Parkplatz gegenüber des Schullandheimes Adler in Wiedemannsdorf folgen wir dem „Burgangerweg" nach links aufwärts. Ein Wegweiser zeigt uns an, daß es bis zur Salmaser Höhe vier Kilometer sind. Noch ein Stück auf der Straße hoch, dann biegen wir der Beschilderung folgend nach rechts ab und erfahren hier auf einer Tafel, ob die Michelesalpe geöffnet hat. Über eine Brücke beginnen wir den Aufstieg auf dem geschotterten Weg. Wer kennt sich mit den verschiedenen Pflanzen und Heilkräutern aus? Noch ehe wir zwischen den Häusern durchkommen, wächst an den kleinen Böschungen auf der Seite wilde Pfefferminze, die sogenannte Katzenminze, weiter oben sehen wir auch Thymian und wilden Majoran. Auf dem sonnigen Weg erreichen wir nach zwei Kehren die *Wannerles Alpe*. An einem Brunnen können wir uns ein wenig erfrischen und dann geht's geradeaus weiter. Kurz darauf kommen wir in den Wald hinein. Unser Wanderweg ist ja gleichzeitig der Fahrweg zur Michelesalpe hoch, aber ein Fahrweg im herkömmlichen Sinne sieht eigentlich ganz anders aus. Oder könnte jemand mit seinem normalen Auto hier hochfahren? Wir kommen am Rande einer steilen Schlucht vorbei und wenig später halten wir uns an einer Gabelung links in Richtung Michelesalpe. Hat jemand Lust, selber Geländewagen zu spielen? Die Fahrspuren der Räder sind teilweise extra befestigt, das ist unsere Fahrbahn.

Bald darauf hören wir den Klang von Kuhglocken, und auch die Michelesalpe ist links oben zu sehen. Wir verlassen den schattenspendenden Wald und steigen über Almwiesen empor. Da heißt es, die Geländewagen nochmals vollzutanken, dann schaffen sie bestimmt die restlichen Kehren bis zur Alpe hoch.

Es ist wunderbar, bei einer Rast von hier oben ins Tal hinunter zu schauen. Das Gipfelkreuz der Salmaser Höhe können wir schon sehen, es sieht eigentlich gar nicht mehr weit aus.

Nach links folgen wir dem mit einem *roten Punkt* bezeichneten Weg, der mitten durch ein Weidegebiet führt. Für Kinder kommt es oft einer Mutprobe gleich, an den frei umherlaufenden Kühen vorbeizugehen. Meist sind sie weniger ängstlich, wenn man ihnen erklärt, daß die Kühe an Menschen gewöhnt sind, da sie im Herbst, Winter und Frühjahr ja im Stall stehen und nur im Sommer die gute Bergluft genießen können. Ein kurzes Kletterstück über Nagelfluhfelsen ist danach sicher eine willkommene Abwechslung. Ab hier steigen wir auf einem kleinen Trampelpfad über Almwiesen aufwärts. Beim Höhersteigen eröffnet sich uns ein immer umfassenderes Panorama. Besonders schön sieht die blaue Seefläche des Großen

Begegnung unterwegs

Alpsees aus, auf der sich die weißen Segel der Segelboote kontrastvoll abheben.

Unser Pfad zieht sich unterhalb des Gipfelkreuzes vorbei und es sieht aus, als ob wir daran vorbeiwandern würden. Aber weiter geradeaus auf unserem Steig ist der richtige Weiterweg. Nun können wir einen Blick hinunter ins obere Tal der Konstanzer Ache werfen.

Links im Hintergrund erheben sich die Gipfel der Nagelfluhkette, die sich vom Hochgrat bis zum Mittag erstreckt.

An den Bäumen wenden wir uns markiert nach rechts und erreichen nun ohne Anstrengung das Gipfelkreuz der **Salmaser Höhe**. Bänke laden zu einer ausgiebigen Rast ein. Von hier aus haben wir auch eine weite Sicht nach Norden ins Voralpenland hinein. Erst im Dunst verliert sich die Grenze zwischen Himmel und Erde. In Richtung Alpsee sehen wir etwa auf gleicher Höhe noch ein weiteres Gipfelkreuz. An dem kommen wir später noch vorbei, ehe wir zur Schneiders-Alpe hinuntersteigen. Die Schneiders-Alpe ist von hier aus ebenfalls schon zu sehen. Wer Spaß an der Bestimmung der Umgebung hat, breitet die Landkarte aus und vergleicht die Kartenlandschaft mit der Natur. Da sind doch tatsächlich Ähnlichkeiten festzustellen, welch Wunder!

Vom Gipfelkreuz der Salmaser Höhe halten wir uns über den weichen Pfad über die Almwiesen nach links auf einen Wegweiserpfosten zu. Am Wegweiser heißt es für uns, nach rechts in Richtung *Bühl*, *Alpsee* und *Immenstadt* weiterzugehen. Auf dem federnden Grasweg, weiterhin mit einem *roten Punkt* gekennzeichnet, können wir die typische Allgäuer Landschaft genießen. Das Läuten der Kuhglocken begleitet uns auf unserem Weg am Grat entlang. Wir befinden uns hier auf einem Stück des Oberallgäuer Rundwanderweges, der mit einem gelben Kreuz gekennzeichnet ist.

So „auf hohem Niveau" zu wandern, ist eine angenehme und reizvolle Beschäftigung. Mal geht's durch kurze Waldabschnitte hindurch, dann wieder über aussichtsreiche Almwiesen hinweg, einfach herrlich.

Viel zu schnell erreichen wir – übrigens immer geradeaus – das vorhin schon gesehene Gipfelkreuz. Die Schneiders-Alpe liegt direkt unter uns, dahin wollen wir!

Vom Kreuz aus rechts hinunter auf die Wegspur und steil zur Alpe hinab. Meist gibt's an den Alpen einen Brunnen, so auch hier. Die Alpe lassen wir rechts liegen und wandern auf dem Schotterweg weiter hinunter. Bald darauf kommen wir in den Wald hinein. Schritt für Schritt geht es immer weiter hinunter. Hat jemand Lust auf ein originelles Spielchen? Es ist eine Schätzaufgabe: Wie lange sind alle Schnürsenkel der Mitwanderer, wenn man sie hintereinander legt? Man kann das Spiel auch erleichtern, indem man nur nach der Summe der rechten Schnürsenkel fragt. Wenn man keinen Meterstab dabei hat – ist ja beim Wandern auch kein so alltäglicher Gegenstand! – kann man sich mit einem Stock oder einem anderen Vergleichsmaß behelfen wie z. B. Armlängen oder Schritte. Dann muß man die Länge in dem jeweils geforderten Maß angeben, also 4 1/2 Stocklängen oder 5 Schritte.

Wer mit seinem Ergebnis am nächsten dran ist, ist Schätzkönig! Ob er zur Belohnung allen wieder die Schuhe einfädeln möchte?

Immer weiter absteigend erreichen wir am Schneidberg eine Alm, an der wir ebenfalls die Möglichkeit haben einzukehren.

Allgäuer Käsküche im Bauernhausmuseum Knechtenhofen

Anschließend wandern wir auf dem Schotterweg hinab, und nach rechts ist es nicht mehr weit bis nach Wiedemannsdorf. Wir überqueren eine Brücke und halten uns dann geradeaus über den geteerten Weg hinüber. Auf einem schmalen Steiglein schlendern wir gemütlich bis zu den ersten Häusern von Wiedemannsdorf. Zweimal links und unser Ausgangspunkt ist wieder erreicht.

Wer sonntags oder mittwochs unterwegs ist, hat vor oder nach der Wanderung die Möglichkeit, in Knechtenhofen ein liebevoll ausgestattetes **Bauernhausmuseum** anzuschauen. Das schöne alte Holzhaus, „S'Huimatle" genannt, beherbergt in seinem Keller außerdem eine voll eingerichtete Käsküche.

Auch in Oberstaufen kann man ein Museum besichtigen. Im „Strumpferhaus" ist das **Heimatmuseum** untergebracht. Im neu eingerichteten Haus gibt es viel Sehenswertes, der historische Strumpfwirkstuhl ist dabei besonders erwähnenswert. Viele alte Handwerkerberufe werden mit ihren typischen Werkzeugen dargestellt – viele Berufe sind uns heute gar nicht mehr so geläufig.

▷ *Wie kommt man nach Wiedemannsdorf?*
Von Immenstadt auf der B 308 in Richtung Oberstaufen. Am Großen Alpsee vorbei und dann beschildert rechts nach Wiedemannsdorf abzweigen. Der Parkplatz gegenüber des Schullandheimes Adler in der Ortsmitte auf der rechten Seite ist nicht zu übersehen.

○ *Weglänge:*   8 km, 500 Höhenmeter

Bauernhausmuseum Knechtenhofen
▷ *Wie kommt man zum Bauernhausmuseum Knechtenhofen?*
Von Wiedemannsdorf weiter in Richtung Oberstaufen. Zuerst kommt Salmas, dann schon Knechtenhofen. Das Bauernhausmuseum befindet sich etwas zurückgesetzt auf der linken Seite, gut erkennbar an seinem mit Steinen beschwerten Dach.

△ *Öffnungszeiten:*

Mai bis Oktober	sonntags	10.00–12.00 Uhr
	mittwochs	14.00–17.00 Uhr
im Winter geschlossen		

∞ *Eintritt:*

Erwachsene	DM 2,50
Kinder unter 15 Jahren in Begleitung Erwachsener	frei

★ *Auskünfte:*   Telefon 0 83 25/2 79

10

Heimatmuseum Oberstaufen

▷ *Wie kommt man zum Heimatmuseum Oberstaufen?*
Auf der B 308 nach Oberstaufen. Am Ortseingang gleich rechts abzweigen, an der Post vorbei und nach rechts über die Bahngleise. Gleich nach den Bahngleisen links in den „Jugetweg" abzweigen. Im „Jugetweg 10" auf der rechten Seite findet man das Heimatmuseum.

△ *Öffnungszeiten:*

ganzjährig	sonntags	10.00–12.00 Uhr
	mittwochs	15.00–17.00 Uhr

∞ *Eintritt:*

Erwachsene	DM 3,00
Kinder	DM 1,00

★ *Auskünfte:* Telefon 0 83 86/42 42

☆ *Einkehrmöglichkeiten:*
Micheles-Alpe, Alpe am Schneidberg, in Wiedemannsdorf und Oberstaufen

▢ *Kartenempfehlungen:*
1 : 50 000 Bayerisches Landesvermessungsamt München
UK L8   Allgäuer Alpen
UK L11   Lindau-Oberstaufen und Umgebung
UK L17   Kempten und Umgebung

Im Reich der Wilden Männle ❶

Von Bühl aufs Immenstädter Horn

Die Besteigung des Immenstädter Horns ist eine Genußtour für alle
diejenigen, die Tief- und Ausblicke mögen. Selbst bei sommerlichen
Temperaturen kann diese Tour empfohlen werden. Der Anstieg verläuft nämlich auf schattigen Wegen im Wald und erst am Gipfel und
beim Abstieg über Wiesen und Almen gibt es dann sonnige Abschnitte.

Diese Wanderung führt uns durch ein Gebiet, in dem es vor noch
gar nicht allzu langer Zeit Wilde Männle gegeben hat. Das waren
merkwürdige, zwergenhafte Gestalten, die über und über mit Haaren
bedeckt waren und deren Gesicht ein langer Schnauz- und Kinnbart
zierte. Die Wilden Männle waren nicht furchterregend, nein, ganz
im Gegenteil, sie waren gute Geister, die den Menschen sogar in
Notlagen beistanden. So halfen sie z. B. Holzhackern bei ihrer
schweren und gefährlichen Arbeit oder packten mit an, ein schweres
Fuhrwerk eine Steige hochzuschieben.

Man erzählt sich, daß sie auch Spiel und Tanz gerne mochten, aber
seit der Zeit, seit es in den Bergen rund um Immenstadt nicht mehr
ruhig und einsam ist, hat man die Wilden Männle nicht mehr gesehen. Eigentlich ein bißchen schade, nicht wahr?

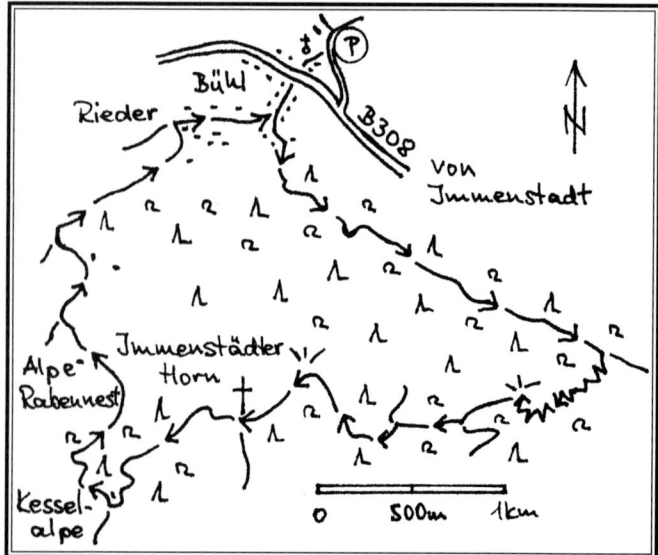

Badevergnügen am Kleinen Alpsee

Wir starten in Bühl am Großen Alpsee. Vom Parkplatz wenden wir uns nach links die „Kirchsteige" aufwärts. Eine Fußgängerunterführung bringt uns sicher auf die andere Seite der stark befahrenen B 308. Wir nehmen den linken Ausgang und steigen rechts die „Rieder Steige" hoch. An der nächsten Gabelung wählen wir die linke Möglichkeit, die uns auf dem *Hornweg* nach Immenstadt führt.

Noch ein kleines Stück müssen wir auf der Straße hoch, dann beschildert weiter nach links. Wir gehen geradeaus aus dem Ort hinaus und auf einem Schotterweg biegen wir am letzten Haus nach rechts ab. Es geht in den Wald hinein und wir folgen dem ausgeschilderten Hornweg nach Immenstadt. Der schmale Steig beginnt gleich ganz imposant mit Felsen, Holzbrückchen und Geländestufen. Beim Weiterwandern durchqueren wir viele Schluchten, in denen teilweise Wasser über die Felsen herabkommt. Immer schön schattig kommen wir vorwärts, mal geht's ein wenig abwärts, mal wieder leicht aufwärts. An einigen Stellen sieht man eindrucksvolle Brocken aus dem markanten Nagelfluhgestein, die sich von den Felsen weiter oben gelöst haben und bis hier herunter gestürzt sind.

Weiter geht's auf dem kurzweiligen und abwechslungsreichen Pfad, immer wieder überqueren wir kleine Bäche auf Holzbohlenbrücken. Das Wasser sucht sich hier durch tiefe eingegrabene Schluchten seinen Weg ins Tal hinunter. Auf einmal eröffnet sich uns ein herrlicher Blick auf den Kleinen Alpsee und das dazugehörende Freibad. Da bekommt man richtig Lust auf ein erfrischendes Bad im Anschluß an unsere Tour.

An einer Gabelung bleiben wir weiterhin geradeaus auf unserem Hornweg und zweigen nicht nach links ab. An der nächsten Abzweigung heißt es dann nochmal einen Schluck zu trinken und dann tüchtig durchzuatmen, denn hier beginnt nach rechts der Anstieg „auf das Horn". Im Zick-Zack-Kurs steigen wir steil bergan. An Felsen geht's vorbei, über Wurzeln drüber, aber wir bleiben immer schön im Schatten. Auf dem kleinen Steig gewinnen wir Schritt für

Großer und Kleiner Alpsee

Schritt an Höhe. Da wird es sicher allen warm. Ein prächtiger Ausblick auf Immenstadt und den Grünten zeigt an, wie hoch wir uns schon über dem Tal befinden. Ab hier ist es nicht mehr weit bis zur *Kanzel*, die sich für eine Rast anbietet. Ein atemberaubender Tiefblick erwartet uns, vergleichbar mit dem Blick aus einem Flugzeug. Der Große Alpsee mit dem Campingplatz, der Kleine Alpsee mit dem Freibad, Immenstadt, die Iller, ganz rechts der Falkenstein und der Grünten, weit schweift der Blick umher. Ein im Tal fahrender Zug sieht aus, als ob er zu einer Modelleisenbahn gehören würde. Wie schnell sich doch der Blickwinkel verändert, wenn man sich einige Meter über der Talsohle befindet: Wir kommen uns vor, als ob wir uns hier in der Rolle eines Zuschauers befinden, und im wörtlichen Sinne stehen wir hier weit über den Nöten und Sorgen des Alltags. Ist das nicht ein herrliches Gefühl?

Für alle fleißigen Wanderer kommt nun die gute Nachricht: Den steilsten Teil des Anstiegs haben wir bereits hinter uns, und mehr als die Hälfte der Strecke ist ebenfalls geschafft. Noch einen Aufschwung müssen wir hinter uns bringen, dann flacht sich der Weg merklich ab. Wir kommen auf einen Forstweg, dem wir nach rechts folgen. Nach einigen Metern lohnt sich ein Blick nach links. Man sieht von hier aus auf den Immenstädter Hausberg, den Mittag, und meist auch viele Gleitschirmflieger, die bei schönem Wetter ihrem Hobby nachgehen.

Wir verlassen den Forstweg beschildert nach links und folgen dem Weg aufwärts. Anschließend halten wir uns rechts weiterhin in Richtung Immenstädter Horn. Rote Markierungen an den Bäumen zeigen deutlich den Weiterweg an. Der angenehme Weg im Wald verläuft nun längst nicht mehr so steil wie zu Beginn des Aufstiegs. Ein toller Blick hinunter ins Tal nach Bühl und zum Großen Alpsee zeigt uns an, wie weit wir schon wieder zum Ausgangspunkt zurückgewandert sind, nur sind wir hier ein paar Etagen weiter oben.

Ab hier dauert es nun nicht mehr lange, und wir kommen aus dem Wald hinaus auf Almwiesen. Nur wenige Schritte später sehen wir das Gipfelkreuz! Stolz dürfen wir vom **Immenstädter Horn** hinunterblicken: Die blaue Seefläche des Großen Alpsees, an dem wir vorher gestartet sind, glitzert in der Sonne, hier oben blühen ringsum Blumen in allen Farben, kann das Leben schöner sein?

Laden bei einer Rast die flachen Randzonen des Sees, die man von hier oben ganz deutlich erkennen kann, den einen oder anderen zu einem anschließenden Bad im Großen Alpsee ein?

Wenn jeder genug gesehen, gegessen, getrunken und sich ausgeruht hat, kann es mit dem Abstieg weitergehen. An der Schutzhütte halten wir uns rechts in Richtung *Alpe Kessel*, *Rieder* und *Bühl*. Über sonnige Almwiesen steigen wir hinab. Das Abwärtssteigen erfordert

11

Blick vom Immenstädter Horn

zwar oft weniger Puste, dafür aber umso mehr Umsicht als das Aufwärtsgehen. Bald schon sehen wir die Alpe Kessel. Hier heißt es rechts halten und wenig später wandern wir wieder durch schattenspendenden Wald hindurch. Beim Weitergehen kommen wir an zwei Wasserfällen vorbei, von denen wir aber mehr hören als sehen. Auf einem breiter werdenden Waldweg erreichen wir die *Alpe Rabennest*.

Ab der Alpe Rabennest wandern wir auf einem geschotterten Weg weiter hinab in Richtung Bühl. Nochmals hören wir einen Wasserfall, von dem wir dieses Mal auch etwas zu sehen bekommen. Weiter abwärts erkennen wir schon die ersten Häuser von *Rieder*, die wir bald darauf erreichen. Nach rechts in den Ort hinein und auf der „Rieder Steige" abwärts. Durch die schon bekannte Unterführung hindurch und zurück zum Parkplatz.

Eine Runde Minigolf spielen, eine Bootsfahrt, ein Besuch auf dem Spielplatz oder ein Sprung ins kühle Naß können den Tag je nach Belieben abrunden.

▷ *Wie kommt man nach Bühl am Großen Alpsee?*
Bühl liegt an der B 308 zwischen Immenstadt und Oberstaufen. Von Immenstadt kommend rechts in Richtung Gästeamt in den Ort hinein abbiegen. Die gebührenpflichtigen Parkplätze befinden sich rechts der Straße (9.00–18.00 Uhr pro Stunde DM 0,50).

○ *Weglänge:*
12 km, knapp 800 Höhenmeter

Minigolf und Bootsverleih
▷ *Wie kommt man hin?*
Die Minigolfanlage und der Bootsverleih befinden sich gegenüber des Parkplatzes.

△ *Öffnungszeiten:* Mai bis Oktober

∞ *Preise:*

Minigolf:	Erwachsene		DM 3,00
	Kinder		DM 2,50
Bootsverleih:	jeweils 1 Stunde Fahrzeit		
	Tretboot	Ruderboot	
2 Personen	DM 7,00	DM 7,00	
3 Personen	DM 10,00	DM 9,00	
4 Personen	DM 13,00	DM 11,00	
5 Personen	–	DM 13,00	

☆ *Einkehrmöglichkeiten:*
in Bühl und in Immenstadt, Alpe Rabennest

❀ *Tip:*
Für ein anschließendes Bad im Großen Alpsee oder im Freibad am Kleinen Alpsee Badesachen einpacken!

❀ *Hinweis:*

Diese Runde auf das Immenstädter Horn läßt sich auch vom
Bahnhof in Immenstadt aus starten. Am Bahnhof rechts die
„Adolph-Probst-Straße" hoch, weiter am Friedhof vorbei und
dann nach rechts den steilen Schotterweg hinauf. Nochmals nach
rechts auf einen schmalen Weg abzweigen, und nur wenige Schritte später beginnt der Aufstieg „auf das Horn".

❀ *Was man sonst noch erleben kann:*

Immenstadt besitzt ein sehenswertes Museum, das Heimatmuseum Hofmühle. Die ehemals gräfliche Hofmühle diente fast 500
Jahre lang als Mühle, daher ist das Leben am und mit dem Wasser
ein wichtiges Thema des Museums. In dem grundlegend sanierten
Gebäude findet man bei einem Rundgang auch zur Stadtgeschich-
te, zum Salz- und Käsehandel und weiteren Themen interessante
Darstellungen.

▷ *Wie kommt man hin?*

Wer aus Richtung Kempten nach Immenstadt hineinfährt, befindet sich auf der „Kemptener Straße". An der Ampelkreuzung
zuerst geradeaus und dann nach rechts beschildert zum Heimatmuseum Hofmühle abzweigen. Es bestehen nur wenige Parkmöglichkeiten.

△ *Öffnungszeiten:* dienstags und mittwochs 14.00–17.00 Uhr

donnerstags 17.00–20.00 Uhr

freitags 9.00–11.00 Uhr

samstags 10.00–13.00 Uhr

sonntags und montags geschlossen

∞ *Eintritt:* Erwachsene DM 2,50

Kinder DM 1,00

★ *Auskünfte:* Telefon 0 83 23/36 63

▢ *Kartenempfehlungen:*

1 : 50 000 Bayerisches Landesvermessungsamt München
UK L8 Allgäuer Alpen
UK L17 Kempten und Umgebung

Schön ist die Welt ...

... auf dem Falkenstein bei Rettenberg

Der Falkenstein ist ein lohnender und leicht zu besteigender Aussichtsberg. Der wunderschöne Ausblick vom Gipfel hinab auf das Illertal, auf die im Tal liegenden Ortschaften und natürlich auf die sich ringsum erhebenden Berge läßt sich bequem von einer Bank aus genießen. Wer einmal auf seinem Gipfel gestanden hat, wird den Falkenstein an seiner markanten Form – von Osten her sanft ansteigend, nach Westen hin steil abfallend – immer wieder erkennen und dann sagen können: Schau mal, da waren wir schon.

Der Ausgangspunkt für diese Tour ist Rettenberg. Der hübsche Ort liegt im Tal zwischen der markanten Erhebung des Grünten und dem flachen Ausläufer des Falkensteins.

Vom „Haus des Gastes" wenden wir uns nach links zur Straße hoch. Es geht am Gasthof „Engel" vorbei und dann rechts die „Bergstraße" hoch. Gleich links befindet sich eine schöne Wassertretanlage, die für unsere Füße nach der Wanderung bestimmt eine willkommene Erfrischung bietet. Noch weiter folgen wir der „Bergstraße" aufwärts. Am Haus Nr. 5 vorbei und dann nach links zur „Bergstraße" Nr. 9 ist die richtige Richtung. Wir verlassen den Ort auf einem fast ebenen Weg am Hang entlang. Bei der Gabelung halten wir uns links am Feldkreuz vorbei und wenige Schritte später nochmals leicht links durch ein Weidetor. Auf dem Trampelpfad am Weidezaun entlang wandern wir aussichtsreich immer geradeaus weiter. Einige Bänke laden uns ein, den weiten Ausblick über das Illertal zu genießen. Steil erhebt sich der Grünten, der an seinem Funkturm ganz deutlich zu erkennen ist. Die Bergkette der Allgäuer Alpen grüßt herüber und weiter rechts – oft von Scharen von Gleitschirmfliegern umgeben – sehen wir den Mittag, den Hausberg von Immenstadt.

Wir verlassen das Weidegebiet und erreichen bei einer schönen alten Eiche einen Wegweiser. Aha, zum Falkenstein sind es knapp dreieinhalb Kilometer! Wir folgen dem Wegweiser nach rechts und steigen am Waldrand bergauf. Wenig später stehen wir im Wald an einem weiteren Wegweiser. Hier gibt es zwei Möglichkeiten für den Aufstieg auf den Falkenstein, erstens auf dem Waldweg und zweitens auf dem Höhenweg. Die Zeitangaben von jeweils eineinhalb Stunden zeigen an, daß wohl beide Wege gleich lang sind. Unsere Runde ist so geplant: Auf dem Waldweg steigen wir schön im Schatten hoch und kommen dann über den sonnigen Höhenweg wieder herunter. Also bleiben wir auf dem Waldweg und wandern schön im Schatten geradeaus dahin. Der Weg bis zum Gipfel zieht sich allmählich ansteigend durch den steilen Westhang des Falkensteins empor. Teilweise befinden sich links des Pfades steile Felsabbrüche und teilweise ragen rechts davon hohe senkrechte Felswände empor. Da ist es wirklich wichtig, auf dem Weg zu bleiben! Jetzt am Anfang geht es sogar noch leicht bergab, bei einer roten Bank gibt es einen schönen Ausblick nach Westen. Auf dem schmalen Trampelpfad gewinnen wir anschließend stetig an Höhe. Hier befinden wir uns direkt auf den nach vorne hin senkrecht abfallenden Felsen. Wer jedoch auf dem *rot-weiß* markierten Steig bleibt, ist immer auf der sicheren Seite.

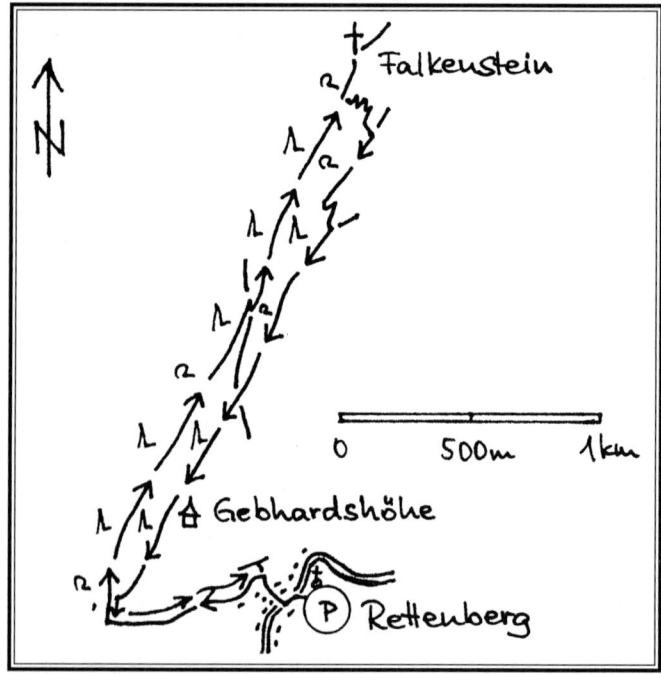

Bald darauf gelangen wir an eine Kreuzung. Zuerst rechts und dann gleich wieder links, der Waldweg auf den Falkenstein ist gut beschildert und ab hier noch mit einer Stunde Wanderzeit angegeben. Der weiterhin *rot-weiß* markierte Steig bietet immer wieder schöne Ausblicke, die man ganz komfortabel von Bänken aus genießen kann und die sich auch für kleine Rastpausen gut eignen.

Angenehm im Schatten steigen wir weiter aufwärts, teilweise sind Abschnitte des Weges mit einem Drahtseil abgesichert. Da kommen wir uns gleich wie richtige Bergsteiger vor. Und bald ist das meiste geschafft! Wenn wir oben auf eine Wiese treffen, sind es nur noch

12

Ausblick vom Falkenstein

wenige Minuten bis zum Gipfelkreuz. Nach links auf dem Höhenweg oberhalb der steil abfallenden Felsen gelangen wir auf den **Gipfel
des Falkensteins**. Hier eröffnet sich uns ein herrliches Panorama. Die
beiden Baggerseen und die Fabrikgebäude im Vordergrund fallen einem im Vergleich zu den „Puppendörfern" ringsum gleich ins Auge.

Man sieht die schöne Allgäuer Hügel- und Berglandschaft, soweit das Auge reicht. Selbst der Große Alpsee bei Immenstadt ist von hier oben zu erkennen. Natürlich gibt es noch viel mehr Ziele und Punkte zu bestimmen, was sich anhand der Karte gut bewerkstelligen läßt. Vielleicht haben die Kinder ja Spaß daran, den Verlauf der Straßen und die Lage der Ortschaften in der Natur mit den dargestellten auf der Karte zu vergleichen. Tatsächlich findet man die Kurven der Wege und Straßen auf der Karte wieder!

Der Falkenstein hat übrigens seinen Namen wirklich von den gleichnamigen Vögeln erhalten. Früher haben hier in den unzugänglichen Felswänden mehrere Falkenpaare genistet.

Nach einer ausgiebigen Rast verlassen wir den Gipfel wieder, und zwar auf dem gleichen Weg, auf dem wir gekommen sind. An der Kreuzung auf der Wiese bleiben wir geradeaus auf dem Höhenweg in Richtung *Gebhardtshöhe* und *Rettenberg*. Nach wenigen Schritten über die Wiese halten wir uns auf einem schmalen Trampelpfad nach rechts den Berg hoch. Ein kleines Stück zum Klettern verkürzt auf angenehme Art und Weise den kleinen Anstieg. Geradeaus geht es auf der anderen Seite wieder hinunter. Nach rechts in Richtung Rettenberg führt unser Weg über eine Kuhweide. Wir verlassen die Weide nach links unten und gehen in der grasbewachsenen Schneise geradeaus weiter. Eine Bank und die *rot-weiße* Markierung an einem Baum zeigen uns daraufhin an, daß wir nach links müssen. Ab nun sind wir immer an der Kante zwischen Weide und nach rechts abfallendem Wald unterwegs. Es geht einige Male über Weidezäune, mal sind die Wegspuren ganz deutlich, mal sind sie weniger gut zu sehen.

Rettenberg mit Grünten

Geradeaus ist im Zweifelsfall immer richtig. Immer wieder erfreuen uns schöne Ausblicke beim Abstieg, auf der linken Seite erhebt sich majestätisch der Grünten. Wir befinden uns hier oberhalb der Felsen, die wir vorher von unten gesehen haben. Das rote Bänkle vom Aufstieg können wir nun von oben sehen!

An dem *Pavillon auf der Gebhardtshöhe* wäre es schade, ohne kurze Rast vorüberzugehen. Dann folgen wir weiterhin geradeaus dem Wiesentrampelpfad und gelangen abwärts zu unserer Kreuzung, die wir uns vom Beginn unserer Tour sicher gemerkt haben. Auf dem schon bekannten Weg kehren wir nach Rettenberg zurück, und wer Lust dazu hat, beendet die Rundtour an der hübschen Wassertretanlage, an der wir ja ohne Umweg vorbeikommen.

▷ *Wie kommt man nach Rettenberg?*
Auf der B 19 von Kempten in Richtung Sonthofen fahren und bei der Ausfahrt Rettenberg verlassen. Weiter über den Kreisel „Mont Goimoos" geradeaus nach Rettenberg hinein. Dann vor der Kirche rechts hinunter. Am „Haus des Gastes" bestehen Parkmöglichkeiten.

○ *Weglänge:*　　　8 km, 300 Höhenmeter

☆ *Einkehrmöglichkeiten:*
mehrere Gasthöfe in Rettenberg

▢ *Kartenempfehlungen:*
1 : 50 000 Bayerisches Landesvermessungsamt München
UK L8 Allgäuer Alpen
UK L17 Kempten und Umgebung

Das sind ja schöne Aussichten! ❽

Von Nesselwang über die Nesselburg auf die Alpspitze

Den Satz der Überschrift kennen wir meistens aus weniger angeneh-
men Zusammenhängen, warum eigentlich? Bei unserer Tour erwartet
uns wirklich eine schöne Aussicht, doch natürlich nur dann, wenn
wir das entsprechende Wetter mitbringen!

Außerdem lernen wir einen abenteuerlichen, wildromantischen
Aufstiegsweg mit Wasserfällen kennen und können bei Interesse auch
noch nach Resten der ehemaligen Nesselburg Ausschau halten. Wem
der Aufstiegsweg zu lange ist, hat die Möglichkeit, mit einem Sessellift den Anstieg auf ein Minimum zu verkürzen. Orthopäden sähen
es zwar lieber, wenn wir abwärts den Sessellift benutzen würden, ja,
so treffen hier die unterschiedlichsten Interessen aufeinander.

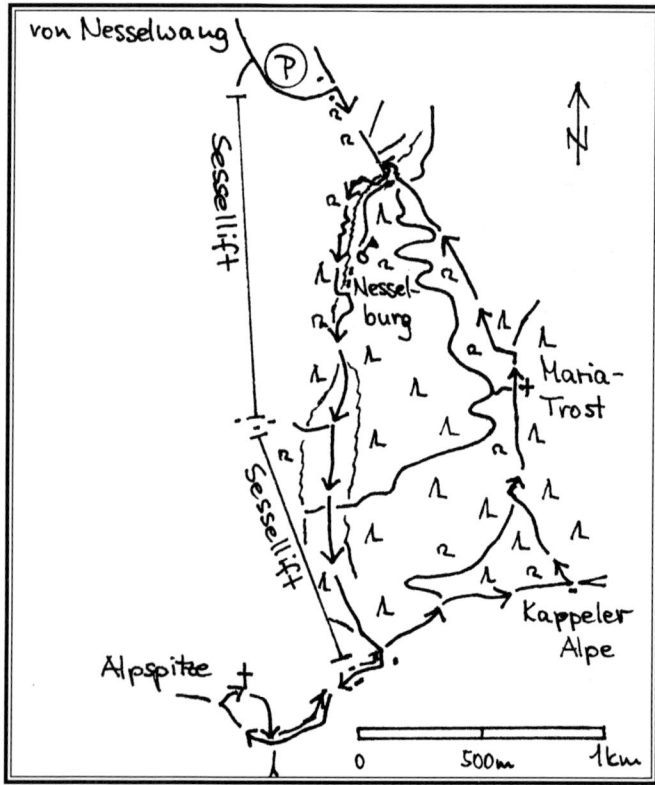

Der Tourenvorschlag hält sich aus dieser Grundsatzentscheidung heraus, denn er sieht einen kompletten Auf- und Abstieg „auf Schusters Rappen" vor. So kann jeder nach eigenem Belieben den Sessellift mit in die Wanderung einbeziehen. Gemeinsamer Ausgangspunkt für alle ist der große Parkplatz unterhalb der Talstation des Sessellifts auf die Alpspitze.

Wir beginnen unsere Wanderung auf die Alpspitze, in dem wir den Wegweisern nach links in Richtung *Maria Trost* und *Ruine Nesselburg* folgen. Den breiten Teerweg lassen wir schnell hinter uns und zweigen beim Gasthof „Sonnenbichl" nach rechts mit der *rot-weißen* Markierung *N 44* in Richtung *Wasserfall* ab. Auf einer halben Allee wandern wir weiter.

Was ist denn das, eine halbe Allee? Nun, eine Allee wird auf beiden Seiten von Bäumen gesäumt und hier finden wir die Baumreihe nur auf einer Seite, also können wir in diesem Falle nur von einer halben Allee sprechen, stimmt's?

Wir betreten den Wald und halten uns rechts, weiterhin in Richtung Wasserfall. Am Bach entlang führt der Steig weiter, nun ist die ebenfalls *rot-weiß* markierte *N 48* unser Zeichen.

Bald darauf sehen wir den eindrucksvollen Wasserfall. Bestimmt genauso viel Eindruck machen die Himmelsleitern, die neben dem Wasserfall hinaufführen. Schritt für Schritt steigen wir Stufe für Stufe aufwärts. Aber der abenteuerliche Steig ist noch längst nicht zu Ende, kleine Holzstege und noch mehr Stufen warten auf uns in dem romantischen Tal. Man kommt sich hier fast vor wie bei einer Urwaldexpedition, so urwüchsig ist das Gelände um uns herum. Unser schmaler Pfad, weiterhin *rot-weiß* markiert, begleitet den nun wieder ruhiger dahinplätschernden Bach. Über den Bach nach links hinüber und ein paar Stufen hoch, hier erreichen wir die Verzweigung, an der wir uns entscheiden müssen, ob wir den kurzen Abstecher zur Ruine Nesselburg machen wollen.

Falls ja, gehen wir nach links und befinden uns auf dem Weg deutlich oberhalb des Baches. Kurz rechts aufwärts und dann gleich wieder links, schon stehen wir mitten in den Mauerresten der Burg der Ritter von Nesselburg.

Die wohl zu Beginn des 13. Jahrhunderts erbaute **Nesselburg** war nur zu Fuß oder mit Pferden zu erreichen, da zur Burg hinauf kein Fahrweg möglich war. Später wurde sie ein Raub der Flammen und war seit Ende des 16. Jahrhunderts unbewohnt. Man beachte nur die Größe der verwendeten Mauersteine, der Transport war zu damaliger Zeit sicher nicht einfach. Auf dem gleichen Weg kehren wir zu der Verzweigung zurück.

Abenteuerlicher Steig zur Nesselburg

Ab hier heißt nun unsere Richtung *Alpspitze* und *Edelsberg*, wir ge-hen geradeaus weiter, diejenigen, die den Abstecher zur Nesselburg nicht gemacht haben, zweigen nach rechts ab.

Am Bach entlang steigen wir weiter aufwärts, Bäume liegen kreuz und quer in der Schlucht. Immer wieder gibt es Stufen aller Art zu überwinden, mal sind sie aus Baumstämmen herausgesägt und mal sind es Geländestufen. Geradeaus folgen wir weiterhin dem Wegweiser in Richtung Alpspitze. Das Überqueren der schmalen Holzstege erfordert manchmal etwas Überwindung, aber gerade das macht ja den Reiz solch eines Pfades aus!

Langsam verlassen wir das Bachgelände und gewinnen auf Wurzelstufen enorm an Höhe. Eine Bank lädt zu einer sicher willkommenen Verschnaufpause ein. Auf unserem Weg in Richtung Alpspitze müssen wir uns zuerst nach rechts und dann nach links halten, aber immer ist alles gut beschildert.

Weiter geht es aufwärts, bis wir auf einen breiteren Weg treffen, darüber hinweg und weiterhin im Wald den Berg hinauf. Gut markiert können wir unseren Steig nicht verfehlen. Interessant sind die Passagen, die durch kleine Moorgebiete führen und die wir auf Holzstegen bequem überqueren können.

Haben wir es bald geschafft? Ganz plötzlich kommen wir aus dem Wald heraus und gehen nach links auf dem Weg weiter. Toll, hier oben erwarten uns schöne Almwiesen, ein Gasthaus, ein Kiosk und natürlich die versprochene Aussicht!

Den größten Teil des Aufstiegs haben wir bereits hinter uns, für die Sesselliftfahrer beginnt hier erst der Aufstieg zur Alpspitze. Am Kiosk und an einer Alm vorbei wandern wir auf dem geschotterten Weg zum Gipfel aufwärts.

An der nächsten Kreuzung geht es zur Alpspitze beschildert geradeaus weiter. Es steht uns nun ein schöner Weg über Almwiesen bevor. Über einen kurzen Felsaufschwung erreichen wir dann nach rechts das Gipfelkreuz der **Alpspitze**. Die letzten Meter laden zum – vorsichtigen! – Kraxeln ein. Weit können die Augen in der Landschaft nach bekannten und unbekannten Zielen Ausschau halten, herrlich!

Geradeaus über den Gipfelgrat weiter machen wir uns an den Abstieg. Bald gelangen wir wieder auf die Almwiese und kehren zu unserer Kreuzung von vorhin zurück. Wollen wir noch einen weiteren Gipfel erklimmen? Der nahegelegene Edelsberg ist für Gipfelstürmer bestimmt auch noch ein verlockendes Ziel! Nach links sind wir schnell wieder unten angekommen.

Unser nächstes Etappenziel ist nun die *Kappeler Alpe*. Nach rechts wandern wir beschildert los. Anfangs wandern wir ein Stück durch den Wald, dann treten wir hinaus und immer geradeaus und wunderbar aussichtsreich erreichen wir auf leicht abfallendem Weg die Kappeler Alpe.

Lange könnte man hier oben noch sitzen bleiben und die Füße sowie die Seele baumeln lassen. Doch links hinterm Haus wartet schon unser weiterer Abstiegsweg in Richtung *Wallfahrtskirche Maria-Trost*.

Durch den Wald und später wieder über Stege hinweg kommen wir Schritt für Schritt zu der reich ausgeschmückten **Wallfahrtskirche Maria-Trost** hinunter. Das barocke Bauwerk entstand Anfang des 18. Jahrhunderts und wurde zuletzt in den Jahren 1981/82 renoviert.

Den Kreuzweg, der bis zur Wallfahrtskirche herauf führt, begehen wir nun im Abstieg. Auf dem Steig, an den verschiedenen Stationen vorbei, gelangen wir – sicher schneller als erwartet – ins Tal hinunter. Wir treffen auf einen Schotterweg, überqueren ihn und wenig später nach rechts weiter kennen wir uns schon wieder aus. Ja, hier hat der Weg am Bach entlang zum Wasserfall begonnen! Über die Brücke hinüber und dann halten wir nach links zu unserer „halben Allee" Ausschau, die wir von vorher sicher noch in Erinnerung haben. Anschließend kehren wir auf dem gleichen Weg, den wir gekommen sind, zum Parkplatz zurück.

▷ *Wie kommt man zur Talstation der Alpspitz-Sesselbahn in Nesselwang?*

Auf der A 7 bis Ausfahrt Oy-Mittelberg und weiter auf der B 309/310 nach Nesselwang. Zum Sessellift zweigt man nach rechts beschildert ab und erreicht den großen Parkplatz, der sich ein wenig unterhalb der Talstation befindet. An der Talstation selber gibt es nur wenige Parkmöglichkeiten.

Wer von vornherein weiß, daß er die ganze Runde wandern möchte, kann auf dem Fahrweg noch ein Stück weiterfahren.

○ *Weglänge:*

Alpspitze:	10 km, 700 Höhenmeter
mit Sessellift:	2 km, 100 Höhenmeter
Edelsberg:	ab der Abzweigung zur Alpspitze knapp 2 km, 130 Höhenmeter

Alpspitz-Sesselbahn

△ *Fahrzeiten Sommersaison:* 9.00–11.45 Uhr
und 13.00–16.30 Uhr

im Mai, Juni, September und Oktober montags Ruhetag
Fahrzeit ca. 30 Minuten

∞ *Preise (Auszug):*
Berg- oder Talfahrt:	Erwachsene	DM 12,00
	Kinder 6 bis 15 Jahre	DM 7,00
Berg- und Talfahrt:	Erwachsene	DM 17,00
	Familienkarte	DM 41,00
	(2 Erwachsene, 1 Kind)	
	jedes weitere Kind	DM 8,00

★ *Auskünfte:*
Alpspitz-Bahn (Talstation), Telefon 0 83 61/12 70
Info-Telefon 0 83 61/7 71

☆ *Einkehrmöglichkeiten:*
Gasthaus „Sonnenbichl", Berggasthof „Sportheim Böck" (montags Ruhetag), Kappeler Alpe unterwegs sowie mehrere Gasthöfe in Nesselwang

❀ *Hinweis:*
In der Gästeinformation im Rathaus gibt es für Familien mit Nachwuchs im Kinderwagenalter ein Faltblatt mit dafür speziell ausgerichteten Wandervorschlägen.

★ *Auskünfte:*
Gästeinformation
Hauptstraße 18, 87484 Nesselwang, Telefon 0 83 61/92 30 40

▢ *Kartenempfehlungen:*
1 : 50 000 Bayerisches Landesvermessungsamt München
UK L10 Füssen und Umgebung
UK L17 Kempten und Umgebung

Wo einst Riesen und Burgfräulein hausten ❶❹

Zu den Burgruinen Eisenberg und Hohenfreyberg

Die beiden benachbarten und guterhaltenen Burgruinen Eisenberg und Hohenfreyberg sind schon von weitem bei der Anfahrt zu erkennen. Eisenberg, das ist die rechte, ist die ältere der zwei Burgruinen und zählt zu den flächenmäßig größten Anlagen des Allgäus. Bei Ausgrabungen in den 80er Jahren wurde diese ehemals stattliche Burganlage gründlich untersucht und anschließend saniert. Im Eisenberger Burgenmuseum in Zell sind in mehreren Vitrinen interessante Fundstücke der damaligen Ausgrabungen ausgestellt, die eindrucksvoll das Alltagsleben auf einer Adelsburg dokumentieren.

Bei einem Rundgang durchs Burgmuseum erfährt man vieles über die Geschichte der Burg und ihrer Bewohner, der Herrschaft von Eisenberg. Damit das ganze auch für Kinder lebendig wird, gibt es speziell für sie ein Arbeitsheft, das die Aufmerksamkeit auf verschiedene Teilbereiche lenkt. Die gestellten Fragen lassen sich jedoch anhand der Schaukästen ohne Probleme gut beantworten.

Hohenfreyberg ist erst nach Eisenberg erbaut worden. Das kam so: Ein Sprößling der Familie von Eisenberg ließ sich sein Erbe auszahlen und erbaute sich seine eigene Burg.

Nach alten Sagen hausten auf den beiden Burgen vor langer Zeit zwei freundliche Riesen, die Frau auf der einen, der Mann auf der anderen Burg. Sie verstanden sich im großen und ganzen recht gut mit den umliegenden Bewohnern. Die Leute der Dörfer mußten aber jeden Herbst die Scheunen der Burgen mit Lebensmitteln füllen. Doch die Riesen hatten eine für die Anwohner sehr störende Angewohnheit: Alle sieben Jahre badeten sie ihre Füße in dem nahegelegenen Weiher, der zu der Zeit noch ein richtiger See war. Zwar taten sie es abwechselnd, aber trotzdem ließ es sich nicht vermeiden, daß der See bei dem Fußbad weit über seine Ufer schwappte und das Wasser die umliegenden Dörfer überflutete. Das war natürlich jedesmal ein großes Ärgernis für die Betroffenen und sie sannen auf Abhilfe. Wie froh waren alle, als sich die Riesen dazu überreden ließen, auf ihr traditionelles Fußbad zu verzichten, wenn sie als Gegenlohn dafür jedes siebte Jahr vollere Scheunen als sonst erhalten würden.

Noch einen weiteren Hinweis gibt es in der Gegend auf die Riesen, und zwar die nördlich liegende Ortschaft Enzenstetten. „Enzen" ist ein altes Wort für Riesen, also muß es sie wohl wirklich gegeben haben.

Die Burgen der Riesen

Ehe wir losmarschieren, um die beiden interessanten Burgruinen zu erkunden, sollten wir einen Blick auf die Uhr werfen. Sind wir rechtzeitig genug dran, zuerst zu den Burgen zu wandern, und reicht die Zeit dann anschließend noch, das sehenswerte **Eisenberger Burgenmuseum** zu besuchen? Ansonsten schauen wir doch lieber gleich in das mit vielen Funden ausgestattete Burgenmuseum hinein.

Für unsere kurze Wanderung biegen wir auf dem „Burgweg" nach rechts beschildert in Richtung *Schloßbergalm* ab. Schon nach wenigen Metern können wir die Ruinen oben auf dem Berg sehen. An einem Wegkreuz halten wir uns links und aussichtsreich wandern wir auf dem Fahrweg aufwärts. Die schöne Berglandschaft ringsum und der Blick auf die blauen Seeflächen läßt einen verstehen, warum die Burgherren vor vielen hundert Jahren diesen Standort gewählt haben. Solch ein Panorama bekommt man so schnell nicht wieder!

Kommen wir an der **Schloßbergalm** ohne Aufenthalt vorbei? Solange sich die Erwachsenen nach Schloß Neuschwanstein und dem markanten Berg, dem Säuling, umschauen, haben die Kinder sicher schon die unterschiedlichsten Tiere, die es hier gibt, entdeckt.

Dann sollten wir uns aber wirklich auf den noch kurzen Weg zu den Ruinen machen, da bestehen zwei Möglichkeiten. Wir entscheiden uns für die kürzere Variante, das ist ja klar. Nach links führen im Wald alle Wege hoch zur Burg (wer auf dem offiziellen Weg bleibt, zweigt oben nochmals beschildert nach links ab). Wir erreichen die Burganlage und können die herrliche Lage und Aussicht bewundern. Sehr schön ist es, daß man auf Schildern auf die Nutzung der einzelnen Räume hingewiesen wird. Der Blick schweift hinüber zur Ruine Hohenfreyberg. Leider gibt es keinen direkten Weg dorthin, auch das ehemalige Burgtor erweist sich nur als Zugang zum Zwinger. In alten Sagen wird jedoch von einem unterirdischen Geheimgang berichtet, der die beiden Burgen einstmals verbunden haben soll. Die Archäologen können sich aber aufgrund der geologischen Situation nicht vorstellen, daß die Überlieferung ihre Richtigkeit hat.

Für eigene Erkundungen bleiben also noch viele Möglichkeiten. Wenn sich jeder in der **Ruine Eisenberg** „wie in seiner Hosentasche" auskennt, wird es Zeit, Hohenfreyberg zu besuchen.

Eine Wegbeschreibung ist hier mehr als überflüssig, einfach auf dem Weg wieder hinunter und drüben geradeaus hinauf. Aber warum wandern wir wieder links vom Mauerwerk entlang, ist das jemand aufgefallen? Hat das vielleicht einen besonderen Grund? In früheren Zeiten kämpften die Ritter mit Schild und Schwert. Da die meisten von ihnen Rechtshänder waren, hielten sie das Schwert in der rechten Hand und den schützenden Schild in der linken. Schon jemand draufgekommen? Genau, wer hier herauf kam, zeigte seine ungeschützte rechte Seite den Verteidigern auf der Burg, und die wußten diesen Vorteil natürlich auszunutzen. Selbst bei den Angriffen der Bauern im 16. Jahrhundert auf die meisten Burgen im Allgäu zählte Hohenfreyberg zu den wenigen, die nicht eingenommen wurden. Allerdings steckten die eigenen Leute beide Burgen 1646 selbst in Brand, damit sie den anrückenden Schweden nicht als Stützpunkte

In der Ruine Eisenberg

dienen sollten. Es war aber auch die Zeit, in der es die adligen Familien mehr in die Städte zog und sie tauschten ihre Wohnsitze auf den abgelegenen, Wind und Wetter ausgesetzten Burgen, wohl gerne gegen komfortablere Stadtwohnsitze ein.

Die **Ruine Hohenfreyberg** ist in den nächsten Jahren das Arbeitsgebiet von Archäologen, die sich auf Burgen spezialisiert haben. Man
darf gespannt sein, was sie alles über die Geschichte der Burg noch –
im wortwörtlichen Sinne – heraus"finden". Da muß sicher noch
mancher Kubikmeter „Bauschutt" der Jahrhunderte abgetragen und
untersucht werden. Schon 1903 hat man bei Entwässerungsarbeiten
einen gut erhaltenen silbernen Steigbügel gefunden. Natürlich gehört
es auch zu den Aufgaben der Archäologen, die noch vorhandenen
Turm- und Mauerreste auf ihre Stabilität und Sicherheit hin zu über-
prüfen. Wenn man bedenkt, wie lange die Mauern schon allen Wit-
terungseinflüssen getrotzt haben, kann man den Handwerkern, die
vor langer Zeit diese Burg gebaut haben, eigentlich nur ein gutes
Zeugnis ausstellen. Schaut man die Mauern mal genauer an, sieht
man, daß sie oft sogar rote Ziegelreste mit verwendet haben. Das
deutet dann auf einen Umbau hin, also ist „Recycling" längst keine
moderne Erfindung! Auf den See, den die Riesen als Fußbad genutzt
haben, können wir von der Ruine ebenfalls hinunterblicken.

Wir steigen vom Hügel wieder hinab und halten uns am Waldrand
rechts hinunter nach Zell. Der beschilderte Weg führt abwärts durch

Badespaß am Weißensee

den Wald. Wir müssen scharf rechts und kurz darauf auf dem Schotterweg nach links weiter. An der nächsten Kreuzung nochmals links und weiter abwärts nach Zell hinunter, die letzten Meter in die Ortschaft hinein legen wir auf der wenig befahrenen Straße zurück.

An heißen Sommertagen bietet sich der nahegelegene **Weißensee** anschließend noch zu einem Sprung ins kühle Naß an. Am herrlich gelegenen Weißensee läßt es sich je nach Lust und Laune schwimmen, spielen oder ausruhen.

▷ *Wie kommt man nach Eisenberg-Zell und zum Burgenmuseum?*
Auf der Deutschen Alpenstraße, der B 310, von Füssen in Richtung Nesselwang fahren. Am Weißensee mit seinen Ortschaften vorbei und dann rechts in Richtung Eisenberg-Zell abbiegen. Nach wenigen Kilometern nach links in die Ortschaft hinein. Das Burgenmuseum befindet sich rechts an der Straße, dort gibt es auch Parkplätze.

○ *Weglänge:*   gut 4 km

Burgenmuseum
△ *Öffnungszeiten:*
samstags, sonntags und an Feiertagen   13.00–16.00 Uhr
in der Saison auch mittwochs

∞ *Eintritt:*
frei, Spende erwünscht (zur Erhaltung und Renovierung der beiden Ruinen)

★ *Auskünfte und Führungen:*
Verkehrsamt Eisenberg, Telefon 0 83 64/2 40

▷ *Wie kommt man zum Weißensee?*
Auf der B 310 kommt man direkt am Weißensee vorbei. Wer aus Richtung Nesselwang und von den Ruinen kommt, findet die Bademöglichkeit gleich zu Beginn des Weißensees.

☆ *Einkehrmöglichkeiten:*
Schloßbergalm (montags Ruhetag) und in Zell

❀ *Hinweis:*
Die Strecke zur Schloßbergalm ist auch für Kinderwagen geeignet, nur muß man dann zu den Ruinen die längere Variante wählen.

▢ *Kartenempfehlung:*
1 : 50 000 Bayerisches Landesvermessungsamt München
UK L10 Füssen und Umgebung

Zu Deutschlands höchstgelegener Burgruine

15

Auf den Falkenstein bei Pfronten

Mit 1 267 Metern über dem Meeresspiegel ist der Falkenstein die höchstgelegene Burgruine Deutschlands. Manchmal wird die Höhe auch mit 1 277 Metern angegeben, ob da wohl die Ruine mitgerechnet wurde? Im 11. Jahrhundert wurde sie vom Bischof von Augsburg als Zufluchtsort erbaut. Der mehrgeschossige rechteckige Bau war früher von einer Ringmauer umgeben. Die steil abfallenden Felsen auf fast allen Seiten boten zur damaligen Zeit viel Sicherheit gegen unliebsame Besucher. Es gibt Sagen, in denen berichtet wird, daß der Bischof bei Ausritten die Hufeisen der Pferde verkehrt herum beschlagen ließ, um eventuelle Verfolger auf eine falsche Fährte zu leiten.

Ein Problem für die Bewohner dürfte die damalige Wasserversorgung gewesen sein. Man nimmt jedoch an, daß Regenwasser in Zisternen gesammelt wurde. Der Wasserverbrauch war zudem im Vergleich zu heute viel geringer. Warum das? Ja, wo liegen denn die Unterschiede? Da fallen bestimmt jedem genug Beispiele ein!

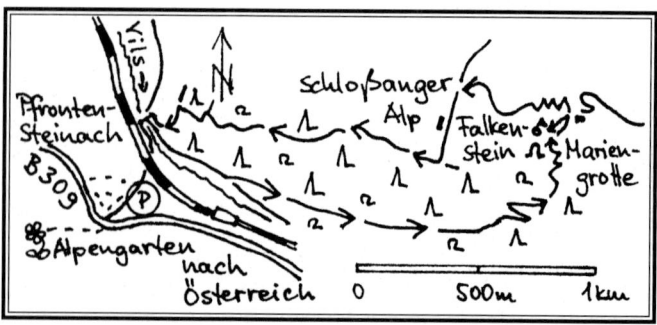

Die Burgruine geriet dann wieder vor mehr als einem Jahrhundert in den Mittelpunkt des Interesses, als König Ludwig II., der Märchenkönig, genau an dieser Stelle ein Prachtschloß, ähnlich wie Neuschwanstein, erstellen wollte. Fünf Jahre Bauzeit wurden veranschlagt, 1884 begann man mit dem Bau der Zufahrtsstraße und der Wasserleitung auf den Falkenstein hinauf. Der Tod König Ludwig II. 1886 bedeutete dann aber das Ende der Baumaßnahmen.

Heute kann man bei einer Fahrt über den Grenzübergang nach Österreich hinein die hoch aufragenden Mauern der Ruine und das wenig unterhalb davon liegende Burghotel eigentlich nicht übersehen.

Vom Ausgangspunkt in Pfronten-Steinach überqueren wir die Brücke und wählen den Südaufstieg zum Falkenstein. Rechts an der Vils entlang wandern wir auf dem „Unteren Manzenweg", einem kühlen und schattigen Pfad, los. Bei der nächsten Abzweigung müssen wir nach links, aha, hier ist's dann der „Obere Manzenweg", der uns aufwärts in Richtung Burgruine führt. Schritt für Schritt gewin-

Blick nach Österreich

Hoch oben thront die Ruine Falkenstein

nen wir an Höhe, teilweise steigen wir über romantische Wurzel-
und Felsstufen. Unser Pfad trifft auf einen weiteren, dem wir nach
links folgen. Die Ausblicke zurück zum Aggenstein und Breitenberg
bieten sich als willkommene Verschnaufpausen an. Weniger steil
zieht sich der Weg am Hang entlang weiter, immer noch können
wir den schattenspendenden Wald genießen. Aber bald zeigen
Zick-Zack-Kurven an, daß wir den Falkenstein erklimmen wollen.

Schmetterlinge flattern hier in den sonnigen Abschnitten von Blüte zu Blüte, ja, die haben's leichter! An einer Verzweigung geht's rechts zum Falkenstein weiter, wir befinden uns hier jetzt ganz nahe an der Grenze zu Österreich, fast könnte man rüberspucken. Der Blick hinaus in das Vilstal ist wirklich wunderschön. Immer wieder laden Bänke zu kurzen Pausen ein, im Tal unten ist auch der Grenzübergang von Deutschland nach Österreich gut zu erkennen. Prächtig sieht auch die helle, überhängende Felswand über uns aus. Weiterhin aufwärts kommen wir immer weiter zu ihr hin, bis wir dann davor stehen. In einer Felsnische finden wir die Mariengrotte, die der Lourdesgrotte nachempfunden ist. Bald darauf leuchten uns schon die Sonnenschirme des „Burghotels Falkenstein" entgegen. Sicherlich möchte jeder zuerst zur Ruine hinauf. Nach links folgen wir der Beschilderung und steigen die letzten Stufen zur **Burgruine Falkenstein** hoch. Ein prächtiges Panorama erwartet uns: Im Tal unten glitzern die Wasserflächen des Weißen-, Hopfen- und Forggensees, links davon sehen wir die beiden benachbarten Ruinen Eisenberg und Hohenfreyberg, die ebenfalls wie der Falkenstein 1646, also gegen Ende des 30jährigen Krieges, aus Angst vor den Schweden von den eigenen Leuten in Brand gesteckt wurden. Pfronten liegt im Tal unten, und bei einem Rundgang um die Ruine sehen wir ein tolles Bergpanorama, das bei guten Verhältnissen sogar bis zur Zugspitze reicht. Nach einer ausgiebigen Rast denken wir langsam an den Abstieg über die Schloßanger Alpe und den Manzengrat zurück nach Pfronten.

Die Stufen wieder hinunter und weiter beschildert abwärts auf einem Zick-Zack-Weglein durch den Wald in Richtung *Schloßanger Alpe*. Wie üblich erfordert das Hinuntergehen mehr Aufmerksamkeit als das Aufwärtssteigen. In einem Bogen erreichen wir das „Berghotel Schloßanger Alpe". Links daran geht's vorbei und in ein Weidegebiet hinein. Geradeaus über die Wiese halten wir auf den Wald zu. Hier ist auf einem Wegweiser der Manzengrat nach Pfronten-Steinach hinunter nach rechts ausgeschildert. Einen schönen Blick haben wir zurück zur oben auf dem Felsen sich erhebenden Ruine Falkenstein. Der Weg ist deutlich mit *roten Punkten* an den Bäumen markiert. Es hat seine Richtigkeit, daß es im Moment noch ein klein wenig den Berg hoch geht. Auf dem federnden Waldboden macht das Gehen Spaß, und bald darauf geht es nur noch bergab. Der Weg ist einwandfrei markiert und die sich immer wieder bietenden Ausblicke auf die Bergwelt und auf Pfronten hinunter erfreuen Herz und Seele.

Stück für Stück kommen wir dem Ausgangspunkt näher. Wenn wir auf einen Fahrweg stoßen, heißt es links halten und noch um eine Kehre herum – schon sind wir wieder an der Brücke und am Parkplatz.

Noch eine kleine Erfrischung gefällig? Zumindest für die Füße gibt es gar nicht weit von hier ein belebendes Wassertretbecken. Der nahe

Alpengarten, in dem sich übrigens das Wassertretbecken befindet, ist aber auch ohne Fußbad für einen Besuch zu empfehlen. Auf dem Weg dorthin kommen wir noch an einem Spielplatz vorbei, den manche sicher schon von oben erspäht haben. So hat jeder die Möglichkeit, die Tour auf eine für ihn angenehme Art und Weise zu beenden.

▷ *Wie kommt man nach Pfronten-Steinach?*
Auf der B 309 nach Pfronten. Immer geradeaus durch den langgezogenen Ort mit den vielen Ortsteilen hindurch und erst ganz am Schluß vor einer kleinen Brücke nach links abbiegen. Hier entweder gleich am Spielplatz parken oder noch übers Bahngleis hinweg bis zur Parkmöglichkeit an der nächsten Brücke.
Da der Ortsverkehr von Pfronten oft sehr zähflüssig ist, bietet es sich auch an, nach links in Richtung Meilingen abzubiegen und dann nach rechts über den „Ach-" und „Panoramaweg" an der Stoffelmühle vorbei, um zum Ausgangspunkt bei der Brücke zu gelangen. Ein Blick in die Karte ist hier sicher hilfreich!

○ *Weglänge:*   6 km, 400 Höhenmeter

☆ *Einkehrmöglichkeiten:*
Burghotel Falkenstein (im Winter donnerstags Ruhetag)
Telefon 0 83 63/3 09
Berghotel Schloßanger Alpe (im Winter dienstags Ruhetag)
Telefon 0 83 63/60 86
mehrere Möglichkeiten in Pfronten

❀ *Besonderes:*
In Pfronten-Steinach gibt es einen Alpengarten mit Wassertretbecken. In dem liebevoll angelegten Alpengarten kann man nach bekannten und weniger bekannten Pflanzen Ausschau halten. Auf kleinen Täfelchen erfährt man die Namen der Blumen, die man schon immer mal kennenlernen wollte.

▷ *Wie kommt man hin?*
Vom Parkplatz beim Spielplatz sind es nur wenige Gehminuten bis dorthin. Bis vor zur Straße, über die Brücke hinüber und beschildert nach rechts zum Alpengarten abbiegen. Ein schöner Weg durch einen Blättertunnel bringt uns zwischen zwei Bächen geradewegs zum Alpengarten.

△ *Öffnungszeiten:*
Der Alpengarten mit Wassertretbecken ist jederzeit frei zugänglich.

▭ *Kartenempfehlung:*
1 : 50 000 Bayerisches Landesvermessungsamt München
UK L10 Füssen und Umgebung

Wo schon der König lustwandelte

Rund um die Königsschlösser Neuschwanstein und Hohenschwangau

Besucher aus der ganzen Welt strömen Tag für Tag zu den beiden Königsschlössern Neuschwanstein und Hohenschwangau. Besonders Schloß Neuschwanstein verkörpert die Verwirklichung eines Märchenschlosses schlechthin und ist wohl eines der bekanntesten Schlösser Deutschlands, wenn nicht sogar das bekannteste überhaupt. Neuschwanstein, das ist die Realisation eines romantischen Traumes, wie ihn sich eben nur Könige erfüllen können.

König Ludwig II. von Bayern war mit dieser Idee damals nicht mal eine Ausnahme. Überall wurden in dieser Zeit Burgen und Schlösser nach historischen Vorbildern errichtet. In einem Brief teilt er am 13. Mai 1868 Richard Wagner, dem bekannten Komponisten, mit dem er eine herzliche Verbindung pflegte und dessen Werke er sehr schätzte, mit: „Ich habe die Absicht, die alte Burgruine Hohenschwangau bei der Pöllatschlucht neu aufbauen zu lassen, im echten Stil der alten deutschen Ritterburgen ... Der Punkt ist einer der schönsten, die zu finden sind ...".

Schon 1869 wurde der Grundstein für Schloß Neuschwanstein gelegt und die Arbeiten an dem monumentalen Bauwerk dauerten an

Das Märchenschloß

bis zum Tode König Ludwig II. im Jahre 1886. Jahrelang waren die unterschiedlichsten Handwerker und Künstler am Werk, um alles nach den Wünschen des Königs zu fertigen. Hohenschwangau dagegen ist das ältere der beiden Schlösser, hier verbrachte der König große Teile seiner Jugend. Die Gegend um den Schwan- und Alpsee faszinierte den jungen Mann schon seit seiner Kindheit.

Die Bauarbeiten auf Schloß Neuschwanstein konnte er von einem Zimmer des Schlosses Hohenschwangau gut beobachten. Als ehemaliges Jagdschloß ist Hohenschwangau nicht ganz so prunkvoll und besitzt keine so großen Festsäle wie Neuschwanstein.

Wir beginnen unsere Schlössertour auf den Spuren König Ludwig II. an der großen Kreuzung am Parkplatz D. Zu Beginn verlaufen die beschilderten Aufstiege in Richtung Schloß Neuschwanstein noch auf dem gleichen Weg durch den Parkplatz hindurch und dann links auf dem geteerten Weg weiter.

Wir wählen natürlich die abenteuerlichste Route als Aufstieg aus, und das ist der Steig durch die Pöllatschlucht. Wenig später gabelt sich unser Weg und wir nehmen die linke Möglichkeit in Richtung Pöllatschlucht. Auf dem ebenen Pfad im Wald wandern wir am Rande der Ortschaft Hohenschwangau entlang. Wir kommen für kurze Zeit aus dem Wald heraus und können – bei entsprechender Wetterlage – am Himmel die vielen Gleitschirmflieger rund um den Tegelberg beobachten, die farbenfroh durch die Luft schweben.

Bald darauf erreichen wir eine alte Gipsmühle, an der wir uns rechts halten müssen. Nochmals nach rechts und schon nach wenigen Schritten hören wir ein mächtiges Rauschen. Hohe Felsen rechts und links zeigen an, daß wir uns hier am Anfang der **Pöllatschlucht** befinden. Das Wasser sucht sich durch mächtige Felsblöcke hindurch seinen Weg ins Tal hinunter. Aber wie sollen wir da durchkommen? In luftiger Höhe klebt ein Steig direkt an der steilen Felswand, das ist für uns die sicherste Möglichkeit. Weiter oben sucht sich nicht nur das Wasser, sondern auch wir unseren Weg durch zahlreiche Felsbrocken und drumherum. Bald erreichen wir eine schöne flache Stelle, an der wir an schönen und warmen Tagen das tun können, was wir schon immer gerne tun wollten, nämlich unsere Schuhe ausziehen und barfuß im erfrischenden Wasser waten.

Über viele Stufen geht es anschließend weiter aufwärts und hoch über uns sehen wir eine gewagte Brücke, die die Schlucht überspannt. Das ist die Marienbrücke, auf der wir später auch noch stehen werden. Direkt darunter braust der Pöllatfall durch die wildromantische Schlucht.

Nach rechts warten nun nochmals viele, viele Stufen auf uns, aber dann ist der Aufstieg zum Schloß Neuschwanstein geschafft. Wollen

Wildromantischer Aufstieg durch die Pöllatschlucht

wir das Schloß von innen besichtigen? Nein? Dann können wir gleich nach links in Richtung „Jugend" weiter. Ja? Oder noch unentschlossen?

In diesen Fällen halten wir uns auf dem Weg, auf den wir treffen, nach rechts. Nach wenigen Schritten stehen wir am Fuße des Märchenschlosses. Eine Tafel ist für uns nun besonders wichtig, nämlich die mit den Wartezeiten bis zur Führung. Bei großem Andrang sind Wartezeiten von ein bis zwei Stunden bis zur Führung nichts Ungewöhnliches, die Schlange am Kartenhäuschen noch gar nicht mitgerechnet.

Wie gut, daß wir zuerst an diese Tafel kommen und nun überlegen können, wie wir den weiteren Ablauf gestalten wollen. Die Eintrittskarten gibt es links, 50 Meter hinunter, gegenüber vom Kiosk. Zum Eingang des Schlosses geht es nach rechts hinauf. Man trifft rund um das **Schloß Neuschwanstein** Besucher aller Nationalitäten an, wie sonst wohl nirgends im Allgäu.

Mit oder ohne Schloßbesichtigung setzen wir dann unsere Runde fort. So wie wir gekommen sind, gehen wir weiter. An der Wegkreuzung, an der wir von links die Pöllatschlucht hochgekommen sind, halten wir uns nun geradeaus in Richtung Aussichtspunkt „Jugend".

Ein kurzer, aber steiler Aufstieg steht uns bevor. Zum hochaufragenden Schloß Neuschwanstein mit seinen vielen Zinnen und Türmchen haben wir, wenn wir mal stehenbleiben und verschnaufen, einen schönen Blick zurück. Wirklich ein Traum von einem Schloß!

An dem Aussichtspunkt „Jugend" erwartet uns schon der nächste bezaubernde Anblick: Hohenschwangau liegt weit unter uns, den Alpsee und den Schwansee sehen wir links bzw. rechts davon.

Ein kleiner Brunnen sorgt für Abkühlung und für uns ist nun das nächste Ziel die Marienbrücke. Weniger steil geht es nach rechts weiter.

Wir kommen an einer Bushaltestelle vorbei und halten uns in Richtung Marienbrücke. Noch ein paar Schritte steil bergauf und dann haben wir es geschafft: Ein großartiges Panorama empfängt uns. Neuschwanstein steht in leuchtender Schönheit vor uns, das Blau des Himmels und der Seen sowie das Grün der Landschaft ringsum bilden für das romantische Bauwerk einen würdigen Rahmen. Kein Wunder ist Neuschwanstein auch Vorbild für andere Schlösser, z. B. für das Cinderella-Schlößchen im Disneyland. Auf der **Marienbrücke** macht es den ganzen Tag über „klick", denn der wundervolle Blick wird von fast allen Besuchern auf Film gebannt. Wer sich traut, wirft einen Blick in die Tiefe, ja, da unten standen wir vorher auch schon und haben ehrfurchtsvoll heraufgeschaut. Nun sehen die Leute klein wie Ameisen aus, so hoch sind wir über der Schlucht. Die Marienbrücke ist übrigens der höchste Punkt unserer Tour, von nun an geht's fast nur noch bergab.

Auf gleichem Weg kehren wir zur Bushaltestelle zurück, und jetzt wäre es schön, wenn der Winter einige Minuten einkehren könnte. Warum? Nach links zweigt nämlich die Rodelbahn in Richtung Hohenschwangau ab, und dafür wäre ein bißchen Schnee natürlich ganz praktisch. Wenn wir jedoch nicht so lange warten wollen, bleibt uns wohl nichts anderes übrig, als uns zu Fuß auf den Weg zu machen.

Beim Abstieg auf dem Schotterweg sehen wir nochmals auf Hohenschwangau und den Forggensee hinunter. Wir treffen auf den Fahrweg, der ebenfalls zum Schloß hochführt. Hier sind Pferdekutschen unterwegs, die die Besucher jedoch auch nicht bis zum Eingang des Schlosses hochfahren, ein Stück zu Fuß muß also jeder zurücklegen!

Auf dem Fahrweg nach links weiter, und wenig später erreichen wir – nochmals nach links – den herrlich gelegenen Alpsee. Das kristallklare Wasser lädt zu einem Badeaufenthalt oder zu einer Kahnfahrt ein, je nach Wetterlage. Zum Alpseebad sind es laut Schild 12 Minuten, der Kahnverleih ist schon nach 200 Metern erreicht, beidesmal muß man sich nach links wenden.

Wer **Schloß Hohenschwangau** noch einen Besuch abstatten möchte, steigt auf dem ausgeschilderten Fußweg in wenigen Minuten zum Eingang hoch. Auch hier sind für die Führungen Wartezeiten möglich.

Hohenschwangau war die Sommerresidenz des Königs und wurde eigentlich von seinem Vater, Maximilian II., als Jagdschloß erbaut. Daher finden sich hier keine riesigen Prunksäle.

Zurück zum Parkplatz kommen wir am schönsten auf dem Waldweg *Nr. 17*, der wenig unterhalb des Eingangs nach links abzweigt. Auf einem schmalen Steig über Wurzeln und zum Schluß über Stufen kehren wir zum Ausgangspunkt zurück.

Haben wir für heute genug angeschaut? Oder haben uns die gewaltigen Besucherströme abgehalten, die Schlösser von innen zu besichtigen? Zwei weitere Tips für Unternehmungen seien noch angeführt: Kennt jeder schon den Lechfall? Nahe bei Füssen, direkt an der B 189, befindet sich der eindrucksvolle **Lechfall**. Wenn man sich so nahe daran befindet und ihn noch nicht gesehen hat, lohnt sich der kleine Umweg. Das **Museum der Stadt Füssen** im ehemaligen Benediktinerkloster St. Mang bietet allerlei Interessantes. Eine komplette Lauten- und Geigenmacherwerkstatt gibt es zu sehen, einen Festsaal, das Papstzimmer, die Natur-Farbstoffe der Pergamentmaler und noch vieles mehr wartet auf die Besucher.

▷ *Wie kommt man zu den Parkplätzen bei den Königsschlössern?*

Die gebührenpflichtigen Parkplätze erreicht man entweder über Füssen und Alterschrofen oder über Schwangau und Hohenschwangau. Von beiden Richtungen sind sie deutlich ausgeschildert.

P *Parkgebühr:* DM 6,00 (Tageskarte)

○ *Weglänge:* 5 km

Schloß Neuschwanstein
△ *Öffnungszeiten:* 1. April bis 30. September   8.30–17.30 Uhr
1. Oktober bis 31. März   10.00–16.00 Uhr
1. November, 24./25./31. Dezember,
1. Januar und Faschingsdienstag geschlossen

∞ *Eintritt mit Führung:*   Erwachsene   DM 10,00
Schüler   DM 7,00
Kinder bis 6 Jahre   frei
Kinder von 6 bis 15 Jahre in
Begleitung Erwachsener   frei

★ *Auskünfte:* Telefon 0 83 62/8 10 35, 8 18 01
(Schloßverwaltung Neuschwanstein)

Schloß Hohenschwangau
△ *Öffnungszeiten:* 1. April bis 30. September   8.30–17.30 Uhr
1. Oktober bis 31. März   10.00–16.00 Uhr
am 24. Dezember geschlossen

∞ *Eintritt mit Führung:*   Erwachsene   DM 10,00
Schüler   DM 7,00
Kinder bis 6 Jahre   frei

★ *Auskünfte:* Telefon 0 83 62/8 11 27, 8 11 28
(Schloßverwaltung Hohenschwangau)

Kahnvermietung: je Boot   DM 9,00
Fahrzeit 1 Stunde

Lechfall
▷ *Wie kommt man zum Lechfall?*
Der Lechfall befindet sich zwischen Füssen und der Grenze zu
Österreich. Vom Parkplatz bei den Königsschlössern über Alter-
schrofen und dann nach links auf der B 17 in Richtung Reutte.
Parkplätze befinden sich an der Straße, direkt beim Lechfall.

△ *Öffnungszeiten:*
das ganze Jahr über frei zugänglich

Museum der Stadt Füssen

▷ *Wie kommt man zum Museum der Stadt Füssen?*
Das Museum befindet sich in der Altstadt von Füssen neben dem Rathaus.
Parkmöglichkeiten gibt es im Ortskern wenige, am besten stellt man sein Auto ins Parkhaus. Das ehemalige Klostergebäude ist zu Fuß gut erreichbar, der Eingang befindet sich im Klosterhof.

△ *Öffnungszeiten:*

April bis Oktober	dienstags bis sonntags	11.00–16.00 Uhr
November bis März	dienstags bis sonntags	14.00–16.00 Uhr

∞ *Eintritt:*

Erwachsene	DM 3,00
Kinder	DM 2,00

★ *Auskünfte:*   Telefon 0 83 62/50 53 46

☆ *Einkehrmöglichkeiten:*
Gaststätten bei den Parkplätzen der Königsschlösser und in Füssen

▭ *Kartenempfehlung:*
1 : 50 000 Bayerisches Landesvermessungsamt München
UK L10 Füssen und Umgebung

Hier piekt's ganz fürchterlich! 🄶

*Vom Gunzesrieder Tal zu den Siplinger Nadeln
und weiter auf den Siplinger Kopf*

Ausgangspunkt für diese schöne Tour auf den Siplinger Kopf ist das
Gunzesrieder Tal. Auf einer Mautstraße können wir noch einige
Kilometer im langgestreckten Tal bis zum Parkplatz an der Aualpe
weiterfahren.

Die gesamte Wanderung ist eine anspruchsvolle Bergtour, die einiges an Ausdauer und Kondition erfordert. Aber auch für diejenigen,
die es weniger extrem mögen, gibt es eine Möglichkeit, die spitzigen
Nadeln kennenzulernen. Beim Aufstieg kommen wir nämlich an einer alten verfallenen Alm vorbei. Das Gelände drumherum ist einfach märchenhaft schön und für Kinder ideal zum Spielen, Klettern
und für viele andere Dinge mehr. Zwei große Brunnentröge sorgen
an warmen Sommertagen für die nötige Erfrischung und Abkühlung.

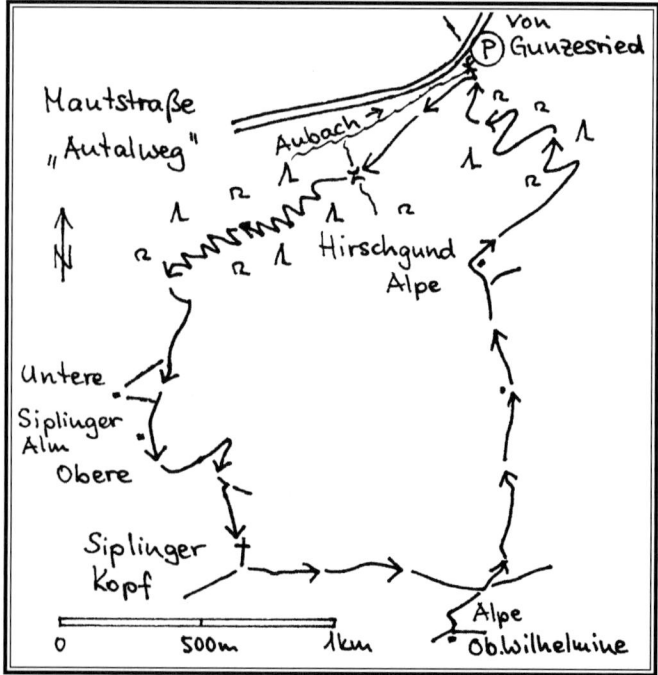

Vom Parkplatz an der Aualpe starten wir nach links. Über ein Brücklein hinweg und dann gehen wir nach rechts weiter. Der Siplingerkopf ist ausgeschildert, und laut Wegweiser muß für den Aufstieg mit ungefähr zwei Stunden gerechnet werden. Wir wollen jedoch nicht mit der Uhr in der Hand wandern, sondern wir nehmen uns soviel Zeit, wie wir meinen, daß wir brauchen. Und das wiederum kann bei jeder Familie ganz anders aussehen!

Der Weg führt uns am Bach entlang und weiter über Weiden. Das Läuten der Kuhglocken begleitet uns und die ringsum blühenden Almwiesen mit ihren prächtigen und kräftigen Farben sind herrlich anzuschauen. Über einen kleinen Holzsteg gelangen wir nach rechts, die Markierung *roter Punkt* weist uns den richtigen Weiterweg. Wir kommen in Waldgebiet hinein und nun beginnt der Aufstieg. Am Rande eines im Sommer oft trockenen Tobels steigen wir in vielen Serpentinen aufwärts. So gewinnen wir auf dem angenehm schattigen Steig mit jeder Kehre mehr an Höhe. Unterhalb einer beeindruckenden, senkrecht abfallenden Felswand aus Nagelfluhgestein führt uns der Pfad vorbei, vom Tal herauf hören wir noch den Klang der Kuhglocken. Durch die Bäume hindurch kann man hin und wieder auch in das nun schon weit unter uns liegende Gunzesrieder Tal hinabschauen.

Weiter oben kommt unser Steig ganz nahe an den Tobel heran. Hier können wir vorsichtig einen Blick in die tiefe Schlucht wagen, ganz ordentlich geht es hinunter. Die Umzäunung mit Stacheldraht sollten wir daher auf jeden Fall respektieren.

Noch immer geht es weiter hoch, aber dann wird es allmählich ein bißchen flacher und der Wald lichter. Nun erst können wir erkennen, welchen Höhenunterschied wir bis hierher schon zurückgelegt haben. Zu der gegenüberliegenden Nagelfluhkette mit ihren zahlreichen Gipfeln mit Gipfelkreuzen brauchen wir nun viel weniger weit „nach oben" zu schauen als vorher. Die verstreut am Gegenhang liegenden Almen haben etwa unsere Höhe.

Wir kommen wieder in Weidegebiet hinein, und wir sehen nun schon ganz deutlich die ersten Siplinger Nadeln. Sie ragen wirklich wie spitzige Nadeln in den Himmel hinauf. Geradeaus aufwärts in Richtung Siplinger Kopf – die Untere Siplinger Alm lassen wir rechts liegen – wandern wir über das Almgebiet. Die *roten Punkte* auf den Felsen weisen wenig später nach rechts aufwärts. Bald darauf ist die **Obere Siplinger Alm** erreicht. Von der ehemaligen Alm sind nur noch einige Mauerreste erhalten, aber das märchenhafte Gelände drumherum mit den sonnigen Wiesen und den zahlreichen Felsblöcken in vielerlei Größen lädt zu einem längeren Aufenthalt ein. Hier befinden sich auch die beiden vorher schon erwähnten Brunnentröge. Wer hat gute Ideen für ein kleines Geländespiel? Kindern

Blick von der Oberen Siplinger Alm auf die Siplinger Nadeln

fällt meistens sehr schnell etwas ein, was sie tun können. Langeweile gibt es in der Natur normalerweise nicht. Wie wäre es zur Abwechslung mal mit „Steineraten"? Das geht so: Man bildet Paare in beliebiger Zusammensetzung. Einem von beiden werden die Augen verbunden. Von einem gemeinsamen Startpunkt führen die „Sehenden" die „Blinden" nun zu einem Felsbroken. Jedes Paar sucht sich dabei einen anderen aus. Der „Blinde" darf ihn mit den Händen abtasten und auch die Umgebung mit einbeziehen. Dann wird er zum Ausgangspunkt zurückgeführt. Die Augenbinde wird abgenommen und dann muß der Betreffende versuchen, aus der Erinnerung heraus, den richtigen Stein zu finden. Das ist gar nicht so einfach, da die Richtung und Entfernung natürlich nur geschätzt bzw. vermutet werden kann.

Das gleiche Spiel kann man z. B. im Wald auch mit Bäumen machen, da wird dann nach Umfang und Rindenbeschaffenheit mit den Händen abgetastet.

Diejenigen, die noch hoch bis zum Siplinger Kopf wollen, packen dann langsam ihren Rucksack wieder und folgen weiterhin den leuchtenden *roten Punkten.* An dem großen Felsblock vorbei, steigen wir weiterhin bergauf. In einer ausholenden Linkskurve nähern wir uns den spitzigen Siplinger Nadeln. Ob man das Läuten der Kuhglocken immer noch vom Tal unten heraufhört? Eigentlich hört es sich ja gar nicht so weit entfernt an. Und tatsächlich weiden hier oben ebenfalls Kühe!

Wir erreichen den Grat und halten uns rechts aufwärts. Bis zum Grünten vor reicht der Blick, die Gipfel der Allgäuer Alpen grüßen zu uns herüber. Links sehen wir eine Alm. An der nächsten Kreuzung folgen wir dem Weg in Richtung Alm für wenige Meter nach links, aber dann zweigt nach rechts unser Steig zum Siplinger Kopf markiert ab.

Immer am Grat entlang, steigen wir auf dem schmalen und teilweise fast zugewachsenen Pfad hoch. Beim Verschnaufen können wir uns mal umdrehen und bis hinunter zum Parkplatz schauen. Steht das Auto wirklich noch da?

Das Gipfelkreuz ist nun in greifbare Nähe gerückt und nach einem letzten steilen Aufschwung haben wir es geschafft: Der Gipfel des **Siplinger Kopfes** ist erreicht! Bei einer Rast können wir einen herrlichen Rundumblick genießen. Wir sehen sogar bis nach Österreich hinüber.

Von nun an geht's mit uns bergab, im wahrsten Sinne des Wortes. Nach links in Richtung *Alpe Obere Wilhelmine* machen wir uns an den Abstieg. Wir kommen hinunter zu einer kleinen Scharte und gehen wiederum nach links weiter.

Der Abstiegsweg ist teilweise sehr steil, in diesen Abschnitten muß man besonders achtsam sein, sonst ist man unter Umständen schneller unten, als einem lieb ist. Die Alpe Obere Wilhelmine sehen wir rechts unten liegen, aber da wollen wir gar nicht hin. Wir wissen ja, daß unser Auto links unten steht und daher halten wir uns am Sattel nach links in Richtung *Hirschgund-Alpe* und *Autal.* Der Weideeinstieg wird hier mit ein paar Stufen erleichtert.

Anfangs geht es durch einen Blätterdschungel abwärts. Es ist gut möglich, daß uns hier sogar Frösche über den Weg hüpfen! Weiterhin abwärts erreichen wir eine Alm und noch weiter abwärts haltend, erreichen wir die Alpe Hirschgund. Unterhalb des Gebäudes treffen wir auf einen Schotterweg, dem wir folgen. Bald darauf betreten wir wieder Waldgebiet und es wird zum Ende der Tour wieder ein bißchen schattiger. Eine Rodelbahn bis hinunter zum Auto wäre hier

Auf dem Weg zum Gipfel

die Krönung des Abstiegs. Solange die aber noch nicht gebaut ist, müssen wir die letzten Kehren hinunter zum Parkplatz selber wandern. Aber immerhin könnten wir ja so tun, als ob wir eine Rodelbahn bauen wollten und das Spiel „Ich packe meinen Koffer und nehme mit ..." umwandeln in „Ich baue eine Rodelbahn und brauche dazu ...". Sind die Regeln bekannt? Der erste fügt etwas an, der zweite wiederholt dann das, was der erste braucht und fügt wieder etwas Neues dazu. Der nächste wiederholt in der richtigen Reihenfolge alles Genannte und setzt immer an den Schluß einen neuen Gegenstand. Und so weiter und so fort ... . Ob die Rodelbahn fertig wird, bis wir unten sind?

▷ *Wie kommt man zum Parkplatz im Autal?*
Auf der B 19 bis nach Sonthofen und beschildert nach Gunzesried hoch. Im Tal geradeaus weiter in Richtung Gunzesrieder Säge. Hier befindet sich ein Automat, an dem man sich einen Berechtigungsschein für die Fahrt auf der Mautstraße herauslassen kann. Dann immer der Straße geradeaus folgen. Der Parkplatz befindet sich nach etwa 5 km auf der linken Seite, noch ehe die Straße ansteigt in Richtung Alpe Scheidwang.

○ *Weglänge:*
Siplinger Kopf: 9 km, 700 Höhenmeter (Runde)
Obere Siplinger Alm: 6 km, 400 Höhenmeter (hin und zurück)

∞ *Mautgebühr:*
Autal-Weg (Alpe Scheidwang) DM 8,00
Der Automat nimmt nur Münzen an und wechselt nicht, daher an genügend Kleingeld denken!

☆ *Einkehrmöglichkeiten:*
Alpe Scheidwang, Gunzesrieder Säge und Gunzesried

❀ *Tip:*
Für das Spiel „Steineraten" an Tücher zum Augen verbinden denken!

▢ *Kartenempfehlung:*
1 : 50 000 Bayerisches Landesvermessungsamt München
UK L8 Allgäuer Alpen

Rauschen und Tosen in felsiger Klamm

Die Starzlachklamm bei Sonthofen

Seit Jahrtausenden sucht sich die Starzlach durch enge Schluchten und steile Felswände ihren Weg hinunter ins Tal. Erst seit einigen Jahrzehnten ist die abenteuerliche Starzlachklamm für Besucher erschlossen: Seit 1932 führt ein gut gesicherter Steig mitten durch die steil aufragenden Felswände hindurch. Auf schmalen Stegen überqueren wir immer mal wieder den tosenden Bach, das ist für Kinder schon fast eine Mutprobe! Das Tosen und Rauschen übertönt in diesem engen Abschnitt wirklich alle anderen Geräusche! Zum Schluß gibt's dann noch einen kleinen Tunnel, den wir aber problemlos ohne Taschenlampe begehen können.

Für die Pflege und die Erhaltung der Wege wird am Beginn der Klamm von jedem Besucher eine kleine Eintrittsgebühr erhoben. Unterwegs sind wir sicher dankbar über die einwandfreie Weganlage!

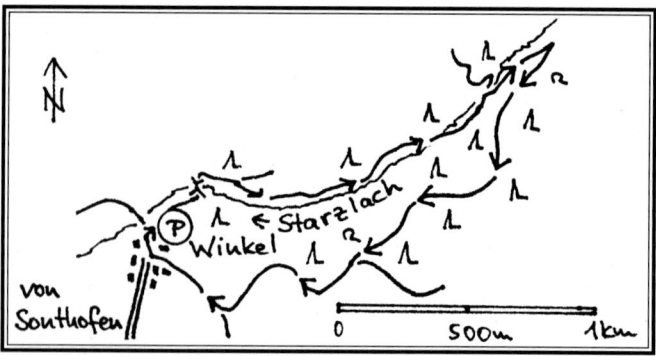

Die Starzlachklamm ist nicht nur für Kinder ein Erlebnis, auch die Erwachsenen haben selten die Möglichkeit, solche eindrucksvollen „Wasserspiele" zu erleben.

Wir starten am Parkplatz in *Winkel*. Die Starzlach, die links von uns dahinplätschert, läßt nichts davon erahnen, was uns auf der Wanderung noch erwartet. Am *Kassenhäuschen* überqueren wir die Starzlach nach links und wandern auf dem geschotterten Weg nach rechts weiter flußaufwärts. Wenig später zweigen wir nach rechts beschildert ab. Auf dem schmalen Pfad am Hang entlang wandern wir weiter. Ein Rauschen läßt uns aufmerksam werden: aber es ist nur

Eindrucksvolle Passage in der Starzlachklamm

eine Staumauer, über die das Wasser hinabstürzt. Unser Weg führt teilweise bis dicht an die Starzlach heran, die an dieser Stelle flach und ruhig dahinfließt. Die gegenüberliegenden steilen Felswände sind immer wieder beeindruckend.

Der Name Starzlach leitet sich ab aus einer „über Felsen springenden Aach". Bei den Geologen ist die Felsklamm durch das Vorkommen von Nummuliten ebenfalls bekannt. Nummuliten sind versteinerte Einzeller, die wiederum waren die ersten Lebewesen auf der Erde überhaupt. Diese „Pfennigsteine" – so nannte sie der Volksmund – wurden in früheren Zeiten sogar als Währung anerkannt.

In der Starzlachklamm

Vor der kleinen, im Sommer bewirtschafteten Klammhütte, erleben wir einen schönen großen Wasserfall. Mit ein paar Schritten nach rechts haben wir den besten Blick darauf. Nach der Klammhütte beginnt dann der eigentliche interessante Steig durch die **Starzlachklamm**. Lautes Tosen und Rauschen begleitet uns auf dem dicht am Fels entlangführenden Pfad. Stabile Seilsicherungen garantieren, daß wirklich nur das Wasser über die Felsen hinabstürzt! Die gewaltigen Wassermassen, die durch die engen Felsschluchten hindurchdonnern, sind auch für Erwachsene faszinierend anzuschauen. Was das Wasser als Naturgewalt alles schaffen kann: Die Aushöhlungen und die verschiedensten Arten der Auswaschungen sind sehr schön anzuschauen.

Bald gelangen wir zu den beiden Brücken, die über die Klamm hinüberführen. Dazwischen verläuft der Weg direkt an den überhängenden Felsen. Zum Schluß müssen wir uns – wie nebenan das Wasser – den Weg durch einen engen Felstunnel suchen. Nun haben wir den aufregendsten Teil der Wanderung bereits schon hinter uns. Wir erreichen nochmals eine Brücke, die wir überqueren. Die Starzlach ist ab hier wieder ein „braves" Bächlein, das an flachen Stellen sogar zum Spielen und zu einer Rast einlädt. Unser Steig führt uns noch ein wenig an der Starzlach entlang, bis ein Holzbalken uns den Weg versperrt. Sind wir da überhaupt richtig? Ja, nach rechts in Richtung *Sonthofen* und *Winkel* müssen wir nun einige Meter an Höhe gewinnen. Wir erinnern uns an die steilen Felsabbrüche, die wir vorher gesehen haben: unser Rückweg führt uns oberhalb davon vorbei. Auf dem schmalen Steiglein hört man immer noch das Rauschen des Wassers unten in der Klamm. Ein Blick hinaus ins Illertal zeigt uns an, daß wir beträchtlich an Höhe gewonnen haben. Allmählich entfernen wir uns von dem Geräusch der tosenden Wassermassen und folgen weiterhin den Wegweisern in Richtung *Winkel* und *Sonthofen*.

Im schattigen Wald wandern wir auf fast ebenen Wegen dahin. An einem Brunnen geht es vorbei und bald darauf erreichen wir Weidegelände. Wenig später treffen wir auf einen Fahrweg. Rechts in Serpentinen hinab, an einem Schießstand vorbei und weiter in Kehren hinunter bis zu den Häusern von Winkel. An einem Brunnen können wir uns für die letzten Meter zurück zum Auto erfrischen. Wem die hölzernen Brunnentröge gut gefallen und wer am liebsten gleich einen mitnehmen würde, hier gibt es eine große Auswahl davon! Im Ort zweimal rechts und der Parkplatz an der Starzlach ist wieder erreicht.

Freunde von Modelleisenbahn-Anlagen werden in **Sonthofen** sicher die großzügig angelegte Anlage **Mo-Lok** besichtigen wollen. Auf zwei Stockwerken gibt es eine Lehmann-Spur-II-m-Anlage und eine Märklin-Spur-I-Anlage zu sehen. Viele Züge rattern durch zahlreiche Tunnels in der abwechslungsreich gestalteten Landschaft. Kinder können auf Tastendruck hier ein Karussell, dort eine Straßen- oder eine Zahnradbahn in Bewegung setzen.

▷ *Wie kommt man zum Parkplatz in Winkel?*
Auf der B 19 nach Sonthofen, Ausfahrt Sonthofen. Rechts in Richtung Sonthofen fahren, bis es nach links in Richtung Berghofen und Winkel abgeht. Immer geradeaus nach Winkel hinein und vor der Brücke nach rechts zum gebührenpflichtigen Parkplatz.

P *Parkplatzgebühr:* DM 2,00 (Tageskarte)

○ *Weglänge:* 5 km

Starzlachklamm
△ *Öffnungszeiten:* 1. Mai bis 31. Oktober, in der übrigen Zeit Begehen der Klamm auf eigene Gefahr möglich.

∞ *Eintritt:* Erwachsene DM 2,00
Kinder DM 0,70

★ *Auskünfte:* Gästeamt Sonthofen Telefon 0 83 21/61 52 91

▷ *Wie kommt man zur Modelleisenbahnanlage Mo-Lok?*
Vom Parkplatz aus zurück nach Sonthofen. Rechts in Richtung Kempten und dann rechts in Richtung Füssen/Burgberg fahren. Die Modelleisenbahn-Anlage befindet sich nach der Brücke über die Ostrach auf der linken Seite. Wer von der B 19 kommt, nimmt die Ausfahrt Sonthofen und zweigt dann ebenfalls in Richtung Füssen/Burgberg nach links ab.

△ *Öffnungszeiten:* täglich 10.00–18.00 Uhr
An Neujahr und vom Montag nach Buß- und Bettag bis Heilig Abend (je einschließlich) geschlossen.

∞ *Eintritt:* Erwachsene DM 6,00
Jugendliche ab 14 Jahren DM 4,50
Kinder ab 4 Jahren DM 3,00

★ *Auskünfte:* Telefon 0 83 21/2 21 80

☆ *Einkehrmöglichkeiten:*
Klammhütte, in Burgberg und Sonthofen

❀ *Was man sonst noch erleben kann:*
Das Heimathaus in Sonthofen bietet vom Keller bis zum Dach viele interessante Ausstellungsstücke (siehe Kapitel 23).

▭ *Kartenempfehlung:*
1 : 50 000 Bayerisches Landesvermessungsamt München
UK L8 Allgäuer Alpen

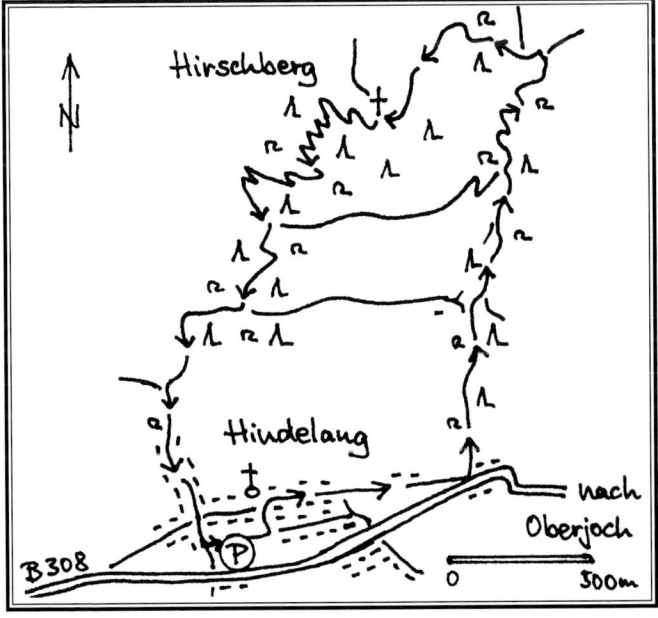

Gegenüber des Nordpols unterwegs

Von Hindelang durch den Hirschbachtobel auf den Hirschberg

Der Hirschberg ist eine markante Erhebung bei Hindelang. Mit seinen Felsabbrüchen sieht die Südwand sehr eindrucksvoll aus. Bei dieser Tour müssen wir übrigens nicht ganz auf den Gipfel steigen, wenn wir das Gipfelkreuz besuchen wollen. Das gibt es nicht? Vielleicht nicht so oft, zugegebenermaßen, aber hier steht das Gipfelkreuz ausnahmsweise nicht an der höchsten Stelle, sondern ist so angebracht, daß man es vom Tal aus sehen kann. Daher ist das weithin sichtbare Kreuz des Hirschbergs ein wenig unterhalb auf einem Felsabsatz aufgestellt worden. Und was hat es mit dem Nordpol auf sich? Ist der nicht ganz woanders?

Den Nordpol, den jeder kennt, der ist sicher ganz woanders und zählt nicht mehr zum Allgäu, soviel ist auch klar. Aber im Süden des Gemeindegebietes Hindelang – Bad Oberdorf gibt es eine kleine Häusergruppe, die ganz deutlich in der Wanderkarte mit Nordpol bezeichnet ist. Also befinden wir uns auf dem Weg zum Hirschberg und wieder zurück tatsächlich gegenüber des Nordpols!

Der Aufstieg führt uns auf einem Teil des Geologischen Lehrpfades durch den Hirschbachtobel aufwärts, einer wilden und felsigen Schlucht mit großartigen Wasserfällen. Am Steinköpfle und an der Luitpoldshöhe vorbei, erreichen wir dann wieder Hindelang.

Wem die 700 Höhenmeter Aufstieg zu viel erscheinen, hat die Möglichkeit, von Oberjoch aus zu starten. Da aber der Großteil des Aufstiegs am interessanten Hirschbachtobel entlangführt, merken die Kinder fast nichts davon, daß sie bergauf wandern.

Vom Parkplatz halten wir uns aufwärts in Richtung Ortsmitte. Nach rechts spazieren wir durch den hübschen Ort hindurch. Ein Brunnen erinnert an die Hindelanger Frächter, die vom 16. Jahrhundert bis ins 19. Jahrhundert hinein mit Pferdefuhrwerken Salz übers Joch geholt haben. Das war damals sicher keine leichte Aufgabe! Auf der „Jochstraße" in Richtung Oberjoch verlassen wir Hindelang und zweigen vor der Brücke über den Hirschbach nach links ab. Geologischer Lehrpfad, Hirschbachtobel und Hirschberg über Tobel – alle unsere Vorhaben sind ausgeschildert.

Auf einem Schotterweg wandern wir am kanalisierten Bett des Hirschbachs entlang aufwärts und überqueren nach rechts eine Brücke. Das Wasser, das munter über die vielen kleinen Stufen hinunterspringt, ist wunderschön anzuschauen. Bald darauf ist die erste Informationstafel des Geologischen Lehrpfades erreicht. Etwa 100 bis 200 Millionen Jahre alt sind die Gesteine rings um uns, das sind Zeiträume, die wir uns sicher nur schwer vorstellen können.

Geradeaus aufwärts geht es weiter, immer schön schattig am Bach entlang. Die künstlichen Staustufen ergeben immer wieder spritzende Wasserfälle, die im Sonnenlicht hell glitzern. Wir überqueren den Bach nach links und halten uns rechts aufwärts, darauf müssen wir nochmals nach rechts über einen Steg. Hier befinden wir uns nun auf dem Tobelweg. Ein schmaler drahtseilgesicherter Steig führt im **Hirschbachtobel** aufwärts. Es ergeben sich immer wieder bezaubernde Blicke auf die verschiedensten Arten von Wasserfällen: Einmal kommt das Wasser wie in einer Kurvenrutsche herunter, ein anderesmal verteilt es sich auf die ganze Breite. Wer etwas anschauen möchte, sollte lieber stehenbleiben, denn wer gleichzeitig auf den Weg achten und in der Gegend herumschauen will, riskiert leicht einen Stolperer. So ganz nebenher gewinnen wir an Höhe und kommen erneut zu zwei Stegen, auf denen wir den Hirschbach überqueren. Geradeaus sehen wir einen besonders hohen Wasserfall. Hier verabschieden wir uns für eine Weile vom Bachlauf und bleiben auf unserem Steig, der sich nun nach rechts den Hang hinaufzieht. Im steilen

Spielpause unterwegs

Zick-Zack-Kurs erreichen wir eine Bank, an der wir ohne Rast sicher nicht vorbeiwollen. Weit mehr als die Hälfte des Aufstiegs ist nun schon geschafft! Wenig später treffen wir auf eine Wendeplatte für Forstfahrzeuge, hier lädt ebenfalls eine Bank zu einer Verschnaufpause ein. An dieser Stelle kommen auch diejenigen vorbei, die von

Gipfelstürmer

Oberjoch aus gestartet sind. Also ist ab hier für beide Varianten der weitere Weg auf den Gipfel des Hirschbergs identisch. Nach links steigen wir den Pfad hinauf und bleiben an der nächsten Verzweigung weiterhin geradeaus auf unserem Steig. Der Blick schweift bis hinüber zum Hohen Ifen, auch die anderen Allgäuer Berge grüßen herüber.

Wir wandern einige Schritte recht eben am Hang entlang weiter. Warum wohl die linke Seite so gut mit Drahtseil und Geländer abgesichert ist? Genau, hier sind wir nun oberhalb des besonders hohen Wasserfalls, den wir vorher von unten betrachtet haben und näher an die Kante heranzugehen, ist natürlich nicht empfehlenswert.

Auf einem abgeflachten und geschälten Baumstamm als Brücke balancieren wir auf die andere Bachseite hinüber. Nun kommt der letzte Teil des Aufstiegs!

An einer wenig deutlichen Verzweigung wählen wir die linke Möglichkeit. Wir sind richtig, wenn wir gleich darauf an einem kleinen Hüttlein (wer weiß, vielleicht ist es ja auch ein Hexenhäuschen?) vorbeikommen. Weiter aufwärts erreichen wir noch eine zweite Holzhütte und dann kann man die Serpentinen des Weges fast an einer Hand abzählen und wir stehen – wer kann es sich denken? – oberhalb des Gipfelkreuzes. Es geht also tatsächlich zum **Gipfelkreuz des Hirschbergs** abwärts! Von hier oben sieht man die Welt fast wie mit den Augen eines Gleitschirmfliegers. Manchmal starten auf dem Hirschberg wirklich Gleitschirmflieger, vielleicht hat man Glück und kann einem beim Start mal zuschauen.

Bad Oberdorf, Hindelang und das ganze Ostrachtal breitet sich zu unseren Füßen aus. Mit einem Fernglas lassen sich sogar die Besucher auf dem Nebelhorngipfel im Süden genau ausmachen. Oder man schaut mit dem Fernglas auf die Kirchturmuhr von Hindelang, wenn man gerade wissen möchte, wie spät es ist. Auf dem Iseler oberhalb von Oberjoch, auch ein Berg mit Gipfelkreuz, hat man meist auch gute Chancen, Wanderer auf dem Gipfel zu sehen.

Auch die längste Gipfelrast findet irgendwann einmal ein Ende und am Gipfelkreuz des Hirschbergs halten wir uns rechts hinab. Auf einem schmalen Pfad steigen wir in vielen Serpentinen den steilen Hang hinunter. Auf dem sonnigen Weg treffen wir auf eine kleine, besondere Treppe: Sie wurde nämlich aus einem quer über dem Weg liegenden Baumstamm herausgesägt! Es geht weiter bergab und wir stoßen auf einen Schotterweg, folgen aber weiterhin links unserem schmalen Steig.

Kurz darauf müssen wir an der nächsten Kreuzung beschildert in Richtung Hindelang, Luitpoldshohe und hier auch wieder auf dem Geologischer Lehrpfad nach rechts abzweigen. Unser mitunter felsiger Steig führt uns hinab, geradeaus über einen Schotterweg hinüber, geradewegs zur *Luitpoldshöhe.* Hier finden wir die zweite Schautafel des Geologischen Lehrpfades.

Nach Hindelang hinunter heißt es beschildert nach rechts halten, und nach einem ebenen Zwischenstück hören wir wieder das vertraute Rauschen von Wasser, das uns heute schon so lange begleitet hat. Dieses Mal ist es der Zillenbach, dem wir nach links hinunter folgen.

Die künstlichen Staumauern haben extra Durchlässe für das Wasser, aha, das ergibt das Rauschen, das wir schon von weitem gehört haben. Nach rechts über zwei kleine Brücken hinweg erreichen wir einen Fahrweg. Links weiter und gleich darauf nach rechts können wir noch ein kleines Stück am Zillenbach entlangwandern, dann haben wir die ersten Häuser von Hindelang erreicht und kehren auf der „Gailenbergstraße" und der „Karl-Hafner-Straße" zu unserem Parkplatz bzw. zum Busbahnhof zurück.

▷ *Wie kommt man nach Hindelang?*

Die B 19 nach Sonthofen bei der Ausfahrt nach Hindelang verlassen und immer geradeaus nach Hindelang weiterfahren. Der gebührenpflichtige Parkplatz am Busbahnhof ist gut beschildert. Hindelang ist auch gut mit Bussen zu erreichen.

P *Parkgebühr:*

2 Stunden		DM 2,00
4 Stunden		DM 3,00
10 Stunden		DM 5,00

○ *Weglänge:* 8 km, 700 Höhenmeter

❀ *Wandervorschlag mit weniger Höhenunterschied von Oberjoch aus*

Vom großen Parkplatz in Oberjoch wandert man auf dem ausgeschilderten Panoramaweg, der gegenüber des Parkplatzes neben der Kirche hochgeht. Weiter geradeaus geht der „Riedlesweg" aufwärts. Auf einem Schotterweg weiter bergan, dann links halten. Nach einiger Zeit nochmals links in Richtung Aussichtspunkt „Ifenblick" und Hirschberg. Über Weiden leicht abwärts und dann gehen wir aussichtsreich am Hang entlang weiter. Nach dem Aussichtspunkt erreichen wir den Fahrweg, der zur Hirschalpe führt. Darauf bleiben wir nur ein kurzes Stück und zweigen dann nach links auf einen Schotterweg ab. Wir wandern hier aussichtsreich über dem Ostrachtal und erreichen kurze Zeit später die „Wendeplatte", an der der Tobelweg von unten heraufkommt.

▷ *Wie kommt man nach Oberjoch?*

Von Hindelang weiter in vielen Kurven und Kehren bis hoch nach Oberjoch. Der Parkplatz ist gut beschildert und hat die gleichen Gebühren wie der in Hindelang (s. o.). Eine Busverbindung besteht ebenfalls nach Oberjoch.

○ *Weglänge:* 8 km, knapp 300 Höhenmeter

❀ *Was man sonst noch erleben kann:*
Ganz in der Nähe von Hindelang kann man in einer Schaukäserei durch eine Glasscheibe hindurch zusehen, wie Käse gemacht wird. Natürlich hat man dort auch die Möglichkeit, ganz frische Milch und naturbelassenen Käse zu kaufen. Das Angebot umfaßt auch noch andere landwirtschaftliche Produkte, die alle aus der Umgebung stammen.

▷ *Wie kommt man hin?*
Der Bauernmarkt mit der Schaukäserei befindet sich in der Oberen Mühle an der Straße nach Hinterstein. Jeden Vormittag, außer sonntags, kann man dem Senn bei der Arbeit zuschauen.

△ *Öffnungszeiten:* montags bis freitags   9.00–12.00 Uhr
                    und   14.30–17.30 Uhr
                    samstags und sonntags   9.00–17.30 Uhr

★ *Auskünfte:*   Telefon 0 83 24/86 72

☆ *Einkehrmöglichkeiten:*
in Hindelang und Oberjoch

▢ *Kartenempfehlung:*
1 : 50 000 Bayerisches Landesvermessungsamt München
UK L8 Allgäuer Alpen

Das ist doch der Gipfel!

Von Oberjoch auf den Iseler

Der Iseler bei Oberjoch ist ein wunderschöner Aussichtsberg. Von seinem Gipfel aus erwartet uns ein großartiges Panorama. Aber nicht nur die Aussicht ist zu erwähnen, auch der Aufstieg ist nicht zu verachten: Über einen schmalen Felsenpfad steigen wir durch Latschen aufwärts. Teilweise müssen wir auch unsere Hände zu Hilfe nehmen, ja, richtig alpines Gelände treffen wir hier an. Bei dieser Bergtour verkürzen wir uns den Aufstieg mit einem Sessellift. Ein Sessellift in Oberjoch? Alle, die Oberjoch vom Winter her kennen, werden sich sicher wundern, denn dort gibt es normalerweise nur Schlepplifte. Aber einer davon wird im Sommer zu einem Sessellift umgebaut – zum Wohle der Wanderer.

Mit der Benützung des Sessellifts ist die Besteigung des Iseler eine Halbtagestour, sie ist also genau richtig für viel Genuß bei mäßiger Anstrengung. Aber wie gesagt, die relativ kurze Aufstiegszeit darf nicht darüber hinwegtäuschen, daß wir uns hier wirklich auf einem Steig befinden, auf dem Trittsicherheit und Schwindelfreiheit absolut notwendig sind.

Unser Ziel, das Gipfelkreuz auf dem Iseler, ist schon vom Parkplatz bei der Iseler-Sesselbahn gut zu erkennen. Mit dem Sessellift schweben wir anschließend gemütlich über Almwiesen aufwärts. Schon von der Bergstation sieht Oberjoch im Tal unten wie ein Puppendorf aus. Kann man in diesen kleinen Häusern tatsächlich wohnen? Und sind wir wirklich vorher auf den schmalen Straßen in solchen Miniaturfahrzeugen hergekommen? So schnell kann sich der Blickwinkel verändern!

An der Bergstation halten wir uns aufwärts in Richtung *Zipfelsalpe*. Der Steig ist von Beginn an felsig und führt im Zick-Zack aufwärts. Rechts und links säumen Latschen den schmalen Pfad. Im Hochsommer herrscht zwischen den Latschen eine enorme Wärme, trotz der Höhe, in der wir uns befinden. Man kann aber sogar im Sommer da oben auf Schnee stoßen. Als wir Anfang September unterwegs waren, trafen wir hier auf Schneereste. Ende August (!) hatte es kräftig geschneit und bis auf eine Höhe von 1 500 Metern herunter war im Allgäu von jetzt auf nachher der Winter eingekehrt. Das ist mal wieder der beste Beweis: Zwischen kurzen Hosen und Handschuhen ist im Sommer bei Bergtouren kleidungsmäßig alles möglich.

Wir steigen aufwärts und haben einen schönen Blick ins Ostrachtal hinaus mit den Ortschaften Bad Oberdorf und Hindelang. Der Hirschberg auf der rechten Seite hebt sich von hier oben kaum von der Umgebung ab, dabei ist er, von Hindelang aus betrachtet, eine

Geschafft!

ganz markante Erhebung. Gewiß ist jedem schon der zerklüftete und zackige Berg, der wie der Rücken eines Drachens aussieht, aufgefallen, das ist der Sorgschrofen, der sich genau auf der Grenze zwischen Österreich und Deutschland befindet. Ein Blick auf die Karte zeigt, daß wir selbst auch fast bis an die Grenze nach Österreich kommen.

Immer wieder müssen wir über lockere Felsen klettern und darauf achten, daß wir möglichst wenig Steine lostreten, die ja Nachfolgende treffen könnten.

Oben am Grat angekommen, halten wir uns links und wandern direkt auf das Gipfelkreuz zu. Nach rechts zweigt der Weg zur Zipfelsalpe ab, die wir im Kessel unten liegen sehen. Wir bleiben weiterhin geradeaus und schauen nach rechts die hohen Gipfel des Allgäuer Hauptkammes an. Ganz eindeutig ist der Hochvogel zu bestimmen, der sich wie eine Pyramide erhebt und knapp 2 600 Meter hoch ist. Der breite Rücken weiter rechts ist der Große Daumen und noch weiter rechts ist das Nebelhorn zu erkennen. Mit einem Fernglas sind die meist zahlreichen Gipfelbesucher gut zu erkennen. Zwischen dem Großen Daumen und dem Nebelhorn befindet sich der Hindelanger Klettersteig, eine anstrengende Tour selbst für Erwachsene. Noch

Mitten im Sommer im Schnee

weiter rechts sieht man den Hohen Ifen, mit der schräg aufsteigenden Felsrippe ist auch er ein sehr markanter Berg.

Unser Ziel, den **Iseler** mit 1 876 Metern Höhe haben wir nun ganz deutlich vor Augen. Auf dem schmalen Gratweg erreichen wir den aussichtsreichen Gipfel. Weit schweift der Blick rundherum, ins Voralpenland hinaus und nach Österreich hinein. Eine Schneeballschlacht im Sommer ist für Kinder immer eine Sensation, aber natürlich nicht für jedes Jahr zu garantieren.

Auf dem gleichen Weg kehren wir zur Bergstation des Sessellifts zurück. Der Zugang zur Talfahrt ist ausgeschildert. Bei der Talfahrt kann man noch viel besser als bei der Bergfahrt die Landschaft genießen und in sich aufnehmen.

▷ *Wie kommt man nach Oberjoch?*
Oberjoch ist einmal über Sonthofen und Hindelang auf der B 308 zu erreichen. Auch von der A 7, Ausfahrt Oy-Mittelberg, erreicht man auf der B 310 Oberjoch. In den Ort hinein und der Beschilderung zum Iseler-Lift folgen.

○ *Weglänge:*
Von der Bergstation des Sesselliftes bis zum Gipfel des Iseler sind es etwa 45 Minuten, gut 200 Höhenmeter.

Iseler-Sessellift
△ *Öffnungszeiten:* Mai bis Oktober   9.00–16.30 Uhr
                       (12.00–13.00 Uhr evtl. Mittagspause)

∞ *Preise:*

Bergfahrt	Erwachsene	DM 7,50
	Familie, 1 Kind	DM 16,00
	Familie, 2 Kinder	DM 20,00
Berg- und Talfahrt	Erwachsene	DM 13,00
	Familie, 1 Kind	DM 26,00
	Familie, 2 Kinder	DM 34,00
	alle weiteren Kinder frei,	
	Kinder bezahlen ab 6 Jahren	

★ *Auskünfte:*   Telefon 0 83 24/77 00

☆ *Einkehrmöglichkeiten:*
mehrere Gasthäuser in Oberjoch

□ *Kartenempfehlung:*
1 : 50 000 Bayerisches Landesvermessungsamt München
UK L8 Allgäuer Alpen

Hopp, hopp, hopp, Pferdchen lauf Galopp ...

㉑

Kutschenmuseum und Abenteuerspielplatz
bei Hinterstein

Im Allgäu locken natürlich die vielen Gipfelziele, die man auch gut mit Kindern besteigen kann. Aber nicht nur „oben", auch „unten" gibt's im Allgäu viel zu sehen und zu erleben. Deshalb gibt es zwischendurch zur Erholung auch mal einen kürzeren Wandervorschlag. Er ist bestimmt willkommen, da man ihn mit einer beliebig langen Pause auf einem interessanten Abenteuerspielplatz mit Hängebrücke nach Lust und Laune in der Länge variieren kann. Das Kutschenmuseum zu Beginn des Spazierweges entführt uns in eine ganz andere Welt, da haben sicher nicht nur Kinder ihre Freude daran. Dazu haben wir immer wieder Möglichkeiten, einen Abstecher an die Ostrach zu machen, so ist bei sonnigem Wetter für genug Abwechslung gesorgt. Starten wir!

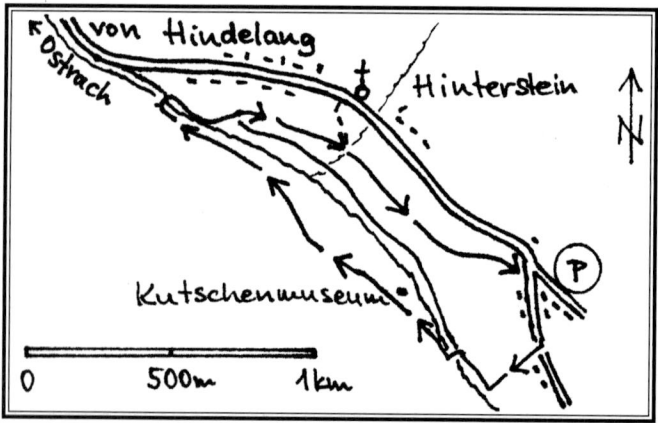

Vom Parkplatz am Ortsende von Hinterstein gehen wir den „Rauhhornweg" hinunter und halten uns am Kirchlein links. „Im Schlauchen" ist die Straßenbezeichnung und geradeaus sehen wir den Hintersteiner Bergsturz. Anfang der 60er Jahre ist hier ein großer Teil des Berges herabgekommen. Heute ist der untere Teil schon wieder bewachsen, aber der Schuttkegel ist noch deutlich zu erkennen. Bald darauf weist ein Wegzeiger nach rechts zum Kutschenmuseum. Wir folgen der Beschilderung und spazieren auf einem Schot-

Das Kutschenmuseum Hinterstein

terweg weiter. Wir halten weiter geradeaus auf das Flußbett der
Ostrach zu. Nach rechts an der Ostrach entlang weiter, kommen wir
schon zu einer ersten Aufenthaltsmöglichkeit. Warum im Flußbett so
viele Steine liegen? Das ist doch ganz einfach: Weil die Kinder sie
nicht am Ufer liegen lassen können!

Romantische Szenen im Kutschenmuseum

Und dann geht's nach links über die Brücke hinüber. Wer sich vorher schon ausgiebig genug am Wasser aufgehalten hat, kommt sicher weiter. Nach rechts sind es nur noch wenige Schritte bis zum Kutschenmuseum. Jetzt sollte jeder schnell noch sagen, was er auf dem Herzen hat, denn gleich ist es mit dem Reden vorbei. Im **Kutschenmuseum** soll man nämlich mucksmäuschenstill sein. Und das hat folgenden Grund: Die träumerische Musik und die Klangspiele ergeben eine ganz tolle Atmosphäre für die märchenhaft präsentierten Kutschen. Natürlich wirkt das bei Stille am allerbesten. Von außen kann man es sich gar nicht vorstellen, daß überhaupt mehr als eine Kutsche in dem unscheinbaren Hüttlein Platz hat. Umso größer ist dann die Überraschung, was man bei einem Rundgang alles entdecken kann. Selbst ein Pferd ist bei einer Kutsche vorgespannt! Der Künstler Martin Weber hat an und in diesem Museum über etliche Jahre hinweg gearbeitet und die Liebe zum Detail fällt überall angenehm auf.

Auf dem *Heidachweg* spazieren wir anschließend weiter. Durch ein Wäldchen hindurch und dann kommen wir über blühende Wiesen. Immer wieder laden Bänke zur Rast ein. Weiter geht's über die Ostrach hinweg und dann nach rechts wieder flußaufwärts. An der nächsten Verzweigung wählen wir die linke Möglichkeit und von dem versprochenen **Abenteuerspielplatz** sind wir nun nicht mehr weit entfernt. An einem Fischteich vorbei und schon wenig später ist der schön gelegene Spielplatz über eine Brücke nach rechts erreicht. Die Hängebrücke über einen kleinen Nebenfluß der Ostrach, die Federwippe, eine kleine Lokomotive, eine Elefantenrutsche und natür-

lich die vielen kleinen Schleichwege durch den Wald sorgen für
genügend Beschäftigungsmöglichkeiten, auch Sandburgenbauen an
der Ostrach ist möglich. Der Spielplatz ist übrigens eine Station des
Familienwanderweges, der dreizehn Kilometer lang ist und insgesamt
acht Spielstationen umfaßt. Bänke und Tische sorgen dafür, daß es
auch die Eltern gemütlich haben, solange sie nicht von den Kindern
„eingespannt" werden.

Zeit zum Spielen

Gegenüber sieht man die eindrucksvollen Zipfelsfälle. Die schön anzusehenden Wasserfälle stürzen in mehreren Etappen den ganzen Hang hinunter. Das Einzugsgebiet des Wassers reicht hoch bis zum Iseler, vielleicht waren wir da schon?

Der restliche Weg zum Parkplatz bzw. zur Bushaltestelle zurück geht geradeaus im Tal dahin und dann links weiter zu den schmucken Häusern von Hinterstein. Weiter geradeaus erreichen wir wieder das schon bekannte Kirchlein.

▷ *Wie kommt man nach Hinterstein?*

Von Sonthofen in Richtung Hindelang fahren und dann nach rechts nach Hinterstein abzweigen. Der Parkplatz (gebühren-pflichtig) befindet sich fast am Ortsende.

P *Parkgebühr:*

2 Stunden		DM 2,00
4 Stunden		DM 3,00
10 Stunden		DM 5,00

○ *Weglänge:* gut 4 km, auch für Kinderwagen geeignet

Kutschenmuseum Hinterstein
△ *Öffnungszeiten:* täglich   8.00–20.00 Uhr

∞ *Eintritt:* frei

Das Kutschenmuseum ist nur zu Fuß erreichbar.

☆ *Einkehrmöglichkeiten:*
verschiedene Gasthäuser in Hinterstein

❀ *Tip:*
Für ein Fußbad in der Ostrach sollte man evtl. an ein Handtuch denken. Vielleicht sind auch Reservekleider angebracht?

❀ *Familienwanderweg*
Wer sich für den ganzen Familienwanderweg mit Spielstationen interessiert, sollte sich an die Kurverwaltung in Hindelang wenden. Telefon 0 83 24/8 92-0

▭ *Kartenempfehlung:*
1 : 50 000 Bayerisches Landesvermessungsamt München
UK L8 Allgäuer Alpen

Schaurig schön ist's im Moos

Erholsamer Spaziergang bei Tiefenberg

Daß es im Allgäu Berge gibt, ist für niemanden eine Neuigkeit. Auch die saftigen Wiesen, auf denen die Kühe weiden, verbindet man automatisch mit dem alpenländischen Raum. Aber hätte hier jemand ein Moor, im Allgäu „Moos" genannt, vermutet?

Die Entstehung der Moore geht weit zurück, sie verdanken ihre Existenz der Eiszeit. Auch die breiten, u-förmigen Täler wie das Illertal oder auch der Alpsee bei Immenstadt sind noch heute sichtbare Auswirkungen der Eiszeit vor mehreren tausend Jahren.

Moore bzw. Moose entstehen bevorzugt in Mulden mit stauendem Untergrund. Stauender Untergrund, das bedeutet, daß das Wasser aufgrund der geologischen Beschaffenheit fast keine Abflußmöglichkeit hat. Ganz charakteristisch für sie ist der Bewuchs: Birken, niedrige Kiefern, Torfmoose, Heidekraut und Moosbeeren. Man darf nicht vergessen, die ganz typischen Tümpel zu erwähnen, die teilweise sogar direkt neben dem Weg zu sehen sind.

Diese kurze Runde ist für einen gemütlichen Tag gedacht. Vielleicht hat jemand ein Pflanzenbestimmungsbuch zu Hause, das könnte hier sinnvoll zum Einsatz kommen. Unterwegs gibt es zahlreiche Bänke, auf denen man Pausen einlegen und die Ausblicke auf das Moor auf sich wirken lassen kann.

Vom Parkplatz direkt am Landschaftsschutzgebiet spazieren wir geradewegs aufs **Tiefenberger Moos** zu. Nach rechts ist *Bolsterlang*, *Dietrichs* und *Fischen* ausgeschildert. Wir folgen dem im Moos aufgeschütteten Schotterweg. Die für ein Moor so typischen Birken und Tümpel lassen nicht lange auf sich warten. Das tolle Panorama ringsum – die Hörnerkette, der Allgäuer Hauptkamm, das Rubihorn – ergänzt die Moorlandschaft auf beeindruckende Art und Weise. Nach links geht unser Rundweg weiter, immer wieder bieten sich Bänke zum Schauen und Genießen an. Der herrlich angelegte Weg schlängelt sich in vielen kleinen Kurven durch die ganz eigene Landschaft. Wer ein Pflanzenbestimmungsbuch mitgenommen hat, findet sicherlich genügend „Objekte", die man sicherlich nicht so ohne weiteres hätte benennen können.

Ein Blick zurück auf den Grünten, das ist der Berg mit dem weithin sichtbaren Funkturm darauf, ist noch einmal wunderschön.

Wir kommen über ein kleines Brücklein und wenig später müssen wir uns vor dem Bach links halten. Man sieht es dem Wasser gleich an, daß es kein richtiger Bach ist. Das Gewässer hat die gleiche Farbe wie die Tümpel und es ist kaum eine Strömung zu erkennen. Wie in einem Märchenwald kommen wir uns hier vor. Auf dem weichen, federnden Boden ist das Gehen sehr angenehm. Nach rechts über eine Brücke und gleich danach links spazieren wir weiter am Moorbach entlang. Nochmals überqueren wir das fast stehende Gewässer und kommen auf einem schmalen Schotterweg, der uns ein letztes Mal die typischen Seiten eines Moores zeigt, zum Waldrand. Kurz über die Wiese bis vor zur Straße und nach links zum Parkplatz zurück.

▷ *Wie kommt man zum Parkplatz bei Tiefenberg?*
Auf der B 19 von Sonthofen in Richtung Fischen fahren, Tiefenberg liegt etwa auf halber Strecke auf der rechten Seite. Auf der Straße in Richtung Ofterschwang weiter, bis man zu den Parkplätzen links und rechts der Straße kommt.

○ *Weglänge:*   knapp 2 km

☆ *Einkehrmöglichkeiten:*
mehrere Möglichkeiten in Tiefenberg

❀ *Tip:*
Pflanzenbestimmungsbuch mitnehmen!

▭ *Kartenempfehlung:*
1 : 50 000 Bayerisches Landesvermessungsamt München
UK L8 Allgäuer Alpen

Wo der Wildbach wirklich rauscht

Hinanger Wasserfall und Leybachtobel bei Altstädten

Hier sind alle diejenigen richtig, die rauschende Bergbäche in allen Variationen lieben. Dazu gibt's tolle Felsszenerien, tropfende Moose, aufregende Weg- und Steiganlagen und natürlich auch wunderschöne Ausblicke. Unsere Rundtour sei kurz vorgestellt: Wir starten in Altstädten. Über Hinang und den Hinanger Wasserfall kommen wir an der Gaststätte „Sonnenklause" vorbei und anschließend kehren wir über den Leybachtobel zurück nach Altstädten. Also los geht's!

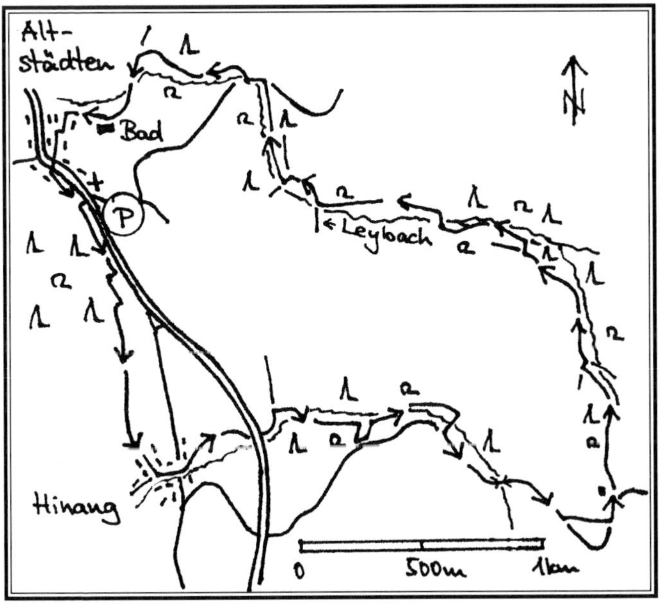

Vom Parkplatz links nach dem Kirchlein beim Wassertretbecken gehen wir zurück auf die Straße und wandern auf dem Fußweg, der parallel dazu verläuft, nach links aufwärts. Der Wegweiser verrät uns, daß es bis zur „Sonnenklause" vier Kilometer sind. Bald darauf zweigen wir nach rechts ab, halten uns aber gleich wieder nach links auf einem Pfad in den Wald hinein. Wir befinden uns auf einem Teil des Trimm-Dich-Pfades, der sich hier durch den Wald zieht. An der nächsten Station darf über einen schmalen Balken balanciert werden, da kann jeder seine Geschicklichkeit und seinen Gleichgewichtssinn testen. Weiter müssen wir danach kurz rechts aufwärts, dann links auf *Hinang* zu. Eben wandern wir an Wiesen entlang und haben nebenher Gelegenheit, die Aussicht auf die umliegenden Berge zu genießen. Das markante Rubihorn, links davon der Entschen-, Schnippen- und der Sonnenkopf – je mehr man im Allgäu unterwegs ist, desto mehr lernt man die einzelnen Gipfel kennen. Geradeaus die Felsen gehören zum Schwarzenberg, in dessen Felsen sich die Sturmannshöhle (siehe Kapitel 25) befindet.

Wir kommen in den Ort hinein und halten uns links. Die hübsch angemalten Hydranten – wie auch schon in Altstädten – sind wirklich eine schöne Idee. Mal wird daraus ein edles Fräulein, mal ein vornehmer Herr oder zur Abwechslung auch ein Schutzmann.

An dem Kirchlein vorbei wandern wir weiter zum ausgeschilderten Wasserfall. Wir müssen noch ein Stück auf der kaum befahrenen Straße nach Hochweiler bleiben. Nach links eröffnet sich ein Ausblick auf den Grünten. Früher gab es mehrere Erzbergwerke auf seiner Südseite, die man erst in den 30er Jahren des 20. Jahrhunderts aufgegeben hat, da sie sich nicht mehr gelohnt haben. Im **Heimathaus in Sonthofen** sind Werkzeuge aus der damaligen Zeit – und natürlich noch vieles andere mehr – ausgestellt. Vielleicht haben wir ja Lust, das liebevoll eingerichtete Museum anschließend zu besuchen.

Durch die Unterführung und schon sieht man den Wegweiser, an dem wir uns zum Wasserfall nach rechts halten. Wir folgen der Beschilderung und schon sind wir am Bach. Hier laden flache Passagen magisch zum Bauen und Spielen ein. Eine *weiße Fünf auf rotem Grund* und eine *weiße Sieben auf blauem Grund* führen uns daraufhin aufwärts, dem Abenteuer entgegen. Es rauscht, es plätschert und gurgelt, es wird richtig spannend, was noch alles kommt. Und auf einmal stehen wir auf Holzstegen mittendrin! Überall tropft es herunter, die ganze Felswand ist über und über mit Moos bewachsen und aus einer Ecke schießt ein gewaltiger Wasserfall herunter, so schön hätte man sich den **Hinanger Wasserfall** bestimmt nicht vorgestellt.

Später schauen wir auf die gleiche Stelle von oben herunter, das sei im voraus verraten. Nur wie kommen wir da hoch? Da wir nicht wie das Wasser den „direkten" Weg nehmen können, brauchen wir dazu um einiges länger. Wer es genau wissen will, um wieviel wir länger brauchen, schaut hier auf die Uhr und dann nachher oben wieder.

Nach rechts spazieren wir unter einer eindrucksvollen, überhängenden und mächtigen Felswand aus Nagelfluhgestein weiter. Die Weganlage ist hier einfach toll. Viel zu schnell verlassen wir das Felsgebiet und kommen auf eine Wiese hinaus. Am Waldrand gehen wir weiter nach links und wenig später zweigen wir nochmals nach links wieder in den Wald hinein ab. Aha, nun haben wir es endlich auch

Der Hinanger Wasserfall

geschafft, wir sind oberhalb des Wasserfalls. Ja, und nach einem Blick auf die Uhr, geht das Rechnen erst los!

Der Pfad bleibt weiterhin neben dem teilweise tief eingeschnittenen Bach. Von der Brücke im oberen Abschnitt können wir die klammartigen Einschnitte am besten einsehen. Ab hier wird der Verlauf des Baches nun ruhiger und flacher, und über eine Holzleiter aufwärts geht der Weg nach rechts weiter.

Zur „Sonnenklause" werden wir bald darauf über eine Brücke nach rechts geschickt, weiter nach links auf dem Fahrweg, ja hier ist es wirklich sonnig! Wir überqueren den Bach nochmals und sehen oben schon die „Sonnenklause". Noch einige Schritte auf dem Fahrweg aufwärts, dann können wir bei Bänken über einen wenig deutlichen Wiesenpfad nach links die Kehre abkürzen. Das letzte Stück ist sogar wieder schön schattig im Wald!

An der „Sonnenklause" halten wir uns links auf einem Wiesenpfad am Zaun entlang, dem „Leybachtobelweg" folgend. Es sieht so aus, als ob wir geradewegs auf den Grünten zuwandern wollten. Am Waldrand markiert ein Pflock mit *Nr. 6* den Weg.

Wir sind ja nun ein ganzes Stück bergauf gewandert, und daher kommen wir beim Leybachtobel nun von oben her. Daher dürfen wir nicht enttäuscht sein, wenn uns erst mal ein kleines Rinnsal begleitet. Zuerst sind wir links von dem kleinen Bächlein, kommen nach rechts auf einen Schotterweg und gehen gleich links in Richtung *Altstädten* weiter. Ein Blick wandert nebenbei zum Besler hinüber, den man gut an der langgestreckten Felswand erkennen kann. Auf dem Schotterweg gehen wir hinab, bis wir hinaus auf eine Weide kommen. Hier dürfen wir nach wenigen Schritten die Abzweigung zum Leybachtobel nach rechts in den Wald nicht verpassen. Sie ist zwar ausgeschildert, aber ein wenig Aufmerksamkeit ist hier trotzdem angebracht. Noch oberhalb des Tobels führt uns der Weg durch den Wald, aber bald hören wir erneut ein Rauschen, und auf einem Steg überqueren wir die imposante Schlucht. Aufwärts entfernen wir uns vom Leybach, über einen sonnigen Beerenhang geht's danach wieder hinunter. Das Auf und Ab setzt sich noch ein wenig fort, dann heißt es rechts halten, weiterhin in Richtung Altstädten.

Wenig später zweigt ein Weg links ab, der interessiert uns noch nicht, wir biegen erst an einer Bank auf einen kleinen Trampelpfad, der wieder mit Pflöcken, diesmal mit der *Nr. 3* und *Nr. 5* markiert ist. Am Hang entlang und durch den Wald hindurch, später ist ein kurzer Abstecher zum Bach hin möglich. Durch den Wald weiter geradeaus und wenig später treffen wir auf einen Fahrweg. War das der ganze **Leybachtobel**? Nein, der fängt jetzt erst richtig an! Auf dem Fahrweg nach links und vor der Brücke gleich wieder rechts hinein auf einen kleinen Pfad.

Das Rauschen kündigt nun endlich den ersehnten Tobel an. Ein abenteuerlicher Steig führt an den Felsen und am sehenswerten *Hubertusfall* entlang, aber immer gut gesichert und deutlich *blau/rot* markiert. An einigen Stellen wird es recht eng, aber wir bleiben immer in Bachnähe. Auf Fels- und Wurzelstufen steigen wir hinunter.

Das Rauschen des kristallklaren Bergbaches geht allmählich in ein Plätschern über, und bald schon sind wir unten angekommen. Wir übersteigen noch ganz lässig zwei Rückhaltemauern und kommen dann am Bad und am Spielplatz von Altstädten heraus. Da die meisten Erwachsenen von längeren Spielplatzbesuchen im allgemeinen nicht so begeistert sind, könnten sie in der Zwischenzeit ja das Auto holen. Wäre das nicht eine gute Idee? Nach links durch Altstädten hindurch und nochmals nach links aus dem Ort hinaus zum Parkplatz.

▷ *Wie kommt man nach Altstädten?*
Auf der B 19 nach Sonthofen. Altstädten ist ab der B 19 ausgeschildert. Durch den Ort hindurch, der Parkplatz befindet sich nach dem Kirchlein auf der linken Seite beim Wassertretbecken.

○ *Weglänge:*   gut 8 km, 300 Höhenmeter

Heimathaus Sonthofen
Schon 1930 wurde das Heimatmuseum im heutigen Altbau des Heimathauses eröffnet. Zwischenzeitlich wurde es mehrfach erweitert und bietet nun viel Platz für die Einrichtungen und Gegenstände aus Großmutters und Urgroßmutters Zeiten. Auch für Freunde und Liebhaber alter Handwerksberufe gibt es Lohnendes zu besichtigen.

▷ *Wie kommt man hin?*
Von Altstädten zurück nach Sonthofen. Geradeaus am Ortsanfang weiter in Richtung Parkhaus Stadtmitte. Bei der nächsten Kreuzung nach links in die „Sonnenstraße" hinein. Hier befindet sich das Museum auf der rechten Seite.

△ *Öffnungszeiten:* dienstags, donnerstags und

	samstags	15.00–18.00 Uhr
	mittwochs	18.00–21.00 Uhr
	sonntags und an Feiertagen	10.00–12.00 Uhr

Ab Mitte Juni bis Ende August an Werktagen auch von 10.00–12.00 Uhr geöffnet. Von Oktober bis etwa 20. November sowie montags, am Fastnachtsdienstag, Karfreitag, Ostersonntag, Pfingstsonntag, Heilig Abend, 1. Weihnachtsfeiertag und Neujahrstag geschlossen. Wer ganz sicher gehen will, erkundigt sich durch einen Anruf über die aktuellen Öffnungszeiten.

∞ *Eintritt:*   Erwachsene   DM 2,50
                         Kinder   DM 1,50

★ *Auskünfte:*
Heimathaus Sonthofen, Sonnenstraße 1, Telefon 0 83 21/33 00,
erreichbar zu den Öffnungszeiten

☆ *Einkehrmöglichkeiten:*
„Sonnenklause" (dienstags ab 14.00 Uhr und mittwochs Ruhetag),
Telefon 0 83 21/36 14,
mehrere Möglichkeiten in Altstädten

▭ *Kartenempfehlung:*
1 : 50 000 Bayerisches Landesvermessungsamt München
UK L8 Allgäuer Alpen

Auf der Suche nach den Wolpertingern

Von der Grasgehrenhütte zum Riedberger Horn

Das Riedberger Horn ist ein schöner Aussichtsgipfel der Hörnerkette. Diese Hörnerkette fängt am Riedberger Horn an, zieht sich von hier aus zuerst weiter nach Nordosten zum Bolsterlanger Horn und zum Weiherkopf und dann nach Norden bis zum Ofterschwanger Horn hin. Alle diese Gipfel bieten ein herrliches Panorama auf die Allgäuer Alpen im Süden und die Nagelfluhkette im Norden. Nagelfluhkette werden die Berggipfel zwischen Hochgrat und Mittag genannt, dabei bezeichnet „Nagelfluh" das Gestein, das diese Berge bildet. Das Riedberger Horn – wie übrigens die ganze Hörnerkette – ist jedoch ein typisches Beispiel für ein anderes Gestein, den Flysch. Die Formen der Flyschberge sind meist sanft gerundet und hervorragend als Weidegebiet geeignet. Wenn wir uns umschauen, merken wir, daß beides hier zutrifft.

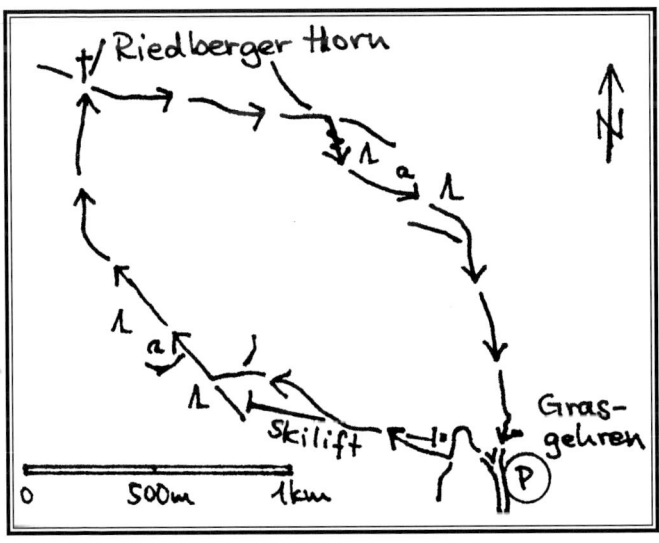

Unser Ziel, das Gipfelkreuz auf dem Riedberger Horn, ist vom Parkplatz aus schon zu sehen. Zur Orientierung: Wir steigen von links her hinauf und kommen über die rechte Seite wieder herunter. Bei großen Bergtouren sagt man zu so etwas „Überschreitung" –

Aufwärts über Almwiesen

übernehmen wir doch einfach dieses wohlklingende Wort! Das klingt dann so: Wir machen heute eine Riedberger Horn-Überschreitung. Vielleicht haben wir auch Glück und begegnen einem Wolpertinger. Wie diese Tiere aussehen? Ja, da gibt es wohl regionale Unterschiede, aber im allgemeinen sind sie sehr menschenscheu, das wiederum haben sie alle gemeinsam. Manchmal ähneln sie einem Murmeltier, aber es sind auch schon welche mit Flügeln gesehen worden. Andere behaupten, daß Wolpertinger Hörner tragen. Lassen wir uns überraschen.

Von der Grasgehrenhütte gehen wir auf dem Parkplatz zuerst einige Meter hinunter und zweigen dann nach rechts ab. Hier ringsum ist übrigens im Winter ein schönes Skigebiet, da bekommt man oft

Auge in Auge mit großen Tieren

keinen Platz mehr auf der doch riesig anmutenden Parkfläche. Wir kommen an der Talstation der Grasgehrenlifte Nr. 3 und Nr. 4 vorbei und biegen kurz darauf zum Riedberger Horn nach rechts ab. Der Wegweiser zeigt an, daß wir für den Aufstieg etwa eineinhalb Stunden rechnen müssen.

Der mit einem *roten Punkt* markierte Weg führt am Rande der Piste aufwärts. Hier wedeln im Winter die Skifahrer herunter, aber im Sommer haben die Kühe bzw. ihre Glocken das „Sagen". Weiter oben halten wir uns nach rechts und steigen über das Weidegelände über frische, angetrocknete oder schon trockene Kuhfladen aufwärts. Den Lift lassen wir links von uns liegen, weiter geht's aufwärts bis zum Grat. Ab hier wandern wir nun am Weidezaun weiter. Der schmale Pfad führt uns über Wurzeln und manchmal an kleinen Felsen vorbei, immer werden wir vom Klang der Kuhglocken begleitet. Es bieten sich uns schöne Ausblicke zum Hohen Ifen und zum Besler, der eine Berg liegt links, der andere hinter uns. Geradeaus am Weidezaun steigen wir stetig aufwärts. Bald können wir auch nach links auf Balderschwang hinunterschauen. Ein Weidegitter zeigt uns einen Weidewechsel an und die letzte Etappe des Anstiegs ist angesagt. Die Kühe begleiten uns immer noch und tatsächlich sind sie auch noch am Gipfelkreuz des **Riedberger Horns** anzutreffen!

Aber hat jemand schon einen Wolpertinger entdeckt? Oder haben die sich heute mal wieder gut versteckt? Die Augen wandern ringsum und genießen wenigstens den großartigen Ausblick nach allen Richtungen. Wie klein von hier aus der Parkplatz aussieht, an dem wir vorher gestartet sind.

Für den Abstieg wählen wir den Grat, der rechts hinunterzieht. Wir müssen uns also durch das Weidegitter durchschleusen und gleich nach rechts abwärts steigen. Der Weg ist im oberen Teil ziemlich ausgewaschen und viele lose Steine wollen beachtet werden. Da sind möglichst kleine Schritte am besten, denn die losen Steine unter unseren Füßen lassen uns sonst wie auf Rollschuhen ins Tal hinuntersausen.

An einer Kreuzung mit Wegweisern folgen wir der Beschilderung *Grasgehren* nach rechts. Weiter abwärts, zum Schluß auf einem breiten Schotterweg, gelangen wir zum Ausgangspunkt zurück.

Übrigens, ist jemandem beim Abstieg ein Wolpertinger begegnet? Nein? Dann waren heute wahrscheinlich einfach zu viele Leute unterwegs, das mögen sie eben nicht so besonders gerne. Aber damit niemand enttäuscht sein muß, schaut doch einfach mal am oberen Eingang der Grasgehrenhütte, was dort links auf dem Fenstersims steht!

▷ *Wie kommt man zum Parkplatz Grasgehren?*
Auf der B 19 bis nach Fischen, dann rechts ab in Richtung Obermaiselstein. Weiter geradeaus in Richtung Riedbergpaß und Balderschwang. Die Paßstraße ist für Fahrzeuge mit Anhänger gesperrt. Am Riedbergpaß beschildert nach rechts abbiegen zum großen Parkplatz.

○ *Weglänge:*   knapp 5 km, gut 300 Höhenmeter

☆ *Einkehrmöglichkeit:*
Grasgehrenhütte (ohne Ruhetag) Telefon 0 83 26/77 73

❀ *Tip:*
Die Besteigung des Riedberger Horns ist als „Einsteiger"-Bergtour gut geeignet. Die Anforderungen an Kondition und Ausdauer sind noch nicht zu groß, aber es läßt sich gut testen, ob man am Gipfel noch Reserven (z. B. für eine weitere Stunde Aufstieg) hätte.

▢ *Kartenempfehlung:*
1 : 50 000 Bayerisches Landesvermessungsamt München
UK L8 Allgäuer Alpen

Hinein in die Eiszeit

Die Sturmannshöhle bei Obermaiselstein

Der Besuch der einzigen begehbaren Natureiszeithöhle im Allgäu ist im wörtlichen Sinne ein erfrischendes Erlebnis. Warum denn wohl? Ja, genau, die Temperaturen im Innern der Sturmannshöhle betragen im Sommer wie im Winter gerade mal vier Grad Celsius. Das ist wahrlich an den meisten Tagen im Jahr, an denen die Höhle geöffnet hat, ein großer Unterschied zu den Außentemperaturen. Auf unserer Runde lernen wir auch noch den Hirschsprung kennen, doch davon später mehr.

Wir starten am „Haus des Gastes" in Obermaiselstein. Nach links in Richtung Spielplatz und Minigolf geht's los. Kommen wir da überhaupt ohne kurzen Aufenthalt vorbei? Wenig später benutzen wir den Fußweg, der sich uns nach links anbietet.

Wir sind nun „Am Goldbach" und wandern geradeaus weiter, bis uns ein Schild nach rechts den Weg zur Pension „Forelle" weist. Links am Hang gibt's im Winter einen Skilift für Anfänger. Nochmals nach rechts wartet auf uns ein kleiner Anstieg. Bald schon sehen wir die hübsche Kapelle und die Häuser von Ried. Geradeaus durchwandern wir den Ort und gelangen bald auf eine Straße. Hohe Fels-

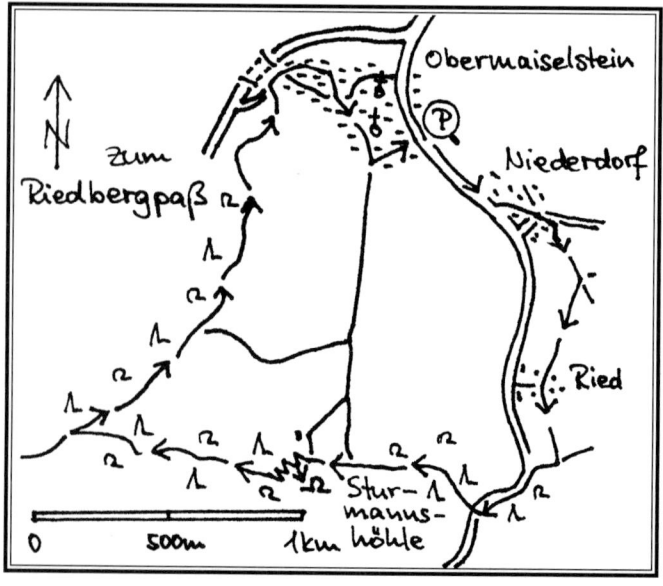

wände künden schon den Hirschsprung an. Nach links legen wir ein kurzes Stück an der Straße entlang zurück, dann stehen wir am **Hirschsprung**. Hier soll ein Luchs einen Hirsch so gejagt haben, daß er sich in letzter Not mit einem gewaltigen Satz auf die andere Seite der Felsschlucht hinüber gerettet hat. Für die Straße ist es an dieser Stelle ziemlich eng, aber für den Hirsch war es doch ein riesiger Sprung. Von hier aus wandern wir nach rechts zur Sturmannshöhle weiter. Der Weg durch den Wald führt nach einigen Minuten über einen Bach. Das ist ja eigentlich nichts Besonderes, oder? Stimmt, das gibt's im Allgäu des öfteren und trotzdem ist es hier ganz anders. Woran das liegt? In der Sturmannshöhle gibt es eine Höhlenquelle. Diese Quelle speist einen Bach, und das ist eben dieser Bach hier. Also – das ist ja die logische Schlußfolgerung – muß es hier irgendwo einen Felsaustritt des Wassers geben. Wo müssen wir da wohl suchen? Richtig, das Wasser kommt von oben, also klettern wir links im Wald zwischen den Bäumen empor. Wir müssen gar nicht weit hinauf und schon sehen wir aus einem Felsspalt das Wasser herausschießen. Solche Felsenquellen findet man nicht oft!

Auf unserem Weg erreichen wir bald darauf den Gasthof „Sturmannshaus". Hier müssen wir nach links zum Höhleneingang der Sturmannshöhle weiter. Steil aufwärts zieht sich das geteerte Steiglein. Aber oben gibt's Bänke zur Erholung und zur Überbrückung der Wartezeit auf die nächste Führung.

Und dann geht's los! Gespannt betreten wir die **Sturmannshöhle**, die übrigens schon 1815 entdeckt wurde. Wie eng es da drinnen zugeht, merkt man gleich nach den ersten Metern. Teilweise befinden sich die gut gesicherten Wege über den Spalten, die noch einige Meter weiter hinunter reichen. Besonders weit kann man den Adlerschacht hinaufschauen, der führt sogar nach 300 Metern hinaus ins Freie. Da er nahe bei einer Stelle herauskommt, an der Adler früher ihren Horst hatten, erhielt er den Namen Adlerschacht. Und dann steigen wir die vielen Stufen fast senkrecht bis zur Höhlenquelle hinunter. Die Wasserstände, die jeweils im Frühjahr markiert werden, lassen sicher jeden staunen. Das regelmäßige Ansteigen des Wassers bedeutet für die Betreuer der Höhle einiges an Aufwand: So muß z. B. jedes Jahr die gesamte Elektroinstallation abgebaut werden. Kein Wunder ist die Höhle erst ab Mitte Mai geöffnet!

Das Plätschern des Höhlenbaches hören wir nun schon und bald stehen wir an der Höhlenquelle. Daß sie 18 Meter tief ist, sieht man ihr überhaupt nicht an.

Wir freuen uns nun wieder über die wärmenden Außentemperaturen und setzen unsere Rundtour „königlich" fort. Nur ein kurzes Stück das geteerte Steiglein hinunter und dann folgen wir nach links dem *Königsweg* in Richtung Besler. Im Zick-Zack-Kurs steigen wir

Eng geht's zu in der Sturmannshöhle

auf einem kleinen Pfad bis hoch zur Felswand und dann weiter daran entlang nach rechts. Über Wurzeln und Steine geht's noch weiter aufwärts immer in Richtung Besler. Nach rechts und nun auch wieder abwärts, sicherlich ist es nun schon längst allen wieder warm geworden seit dem Höhlenbesuch.

Unser Steig stößt auf einen breiteren Weg, dem wir nach rechts folgen. Wir kommen auf eine Weide, und immer am Waldrand entlang wandern wir in Richtung *Obermaiselstein*. Teilweise verläuft das Weglein auch im Wald, da können wir auf die Straße, die zum Riedbergpaß führt, hinunterblicken. Ein kleines Bächlein verlockt zu einer kurzen Spielpause, danach marschieren wir geradeaus weiter auf unser nächstes Ziel zu, den *Großen Herrenberg*. Wie gut, daß es im Wald und nicht auf der sonnigen Wiese aufwärts geht. Oben empfängt uns eine Bank, auf der wir das wunderschöne Panorama in uns aufnehmen können. Vor uns liegt Obermaiselstein. Auch Ried, das war die Ortschaft, durch die wir vorher gekommen sind, wird jeder gleich wiedererkennen. Das Rubihorn steht uns als mächtiger Klotz gegenüber und zeigt sich mit seiner abweisenden Westflanke.

Nach links auf dem weichen Wiesenpfad gelangen wir abwärts zum *Wasserbehälter*. Weiter hinunter, dann müssen wir in der Kurve nach rechts in Richtung Kleiner Herrenberg und Obermaiselstein. Keine Sorge, wir besteigen den Kleinen Herrenberg nicht, wir queren nur seinen schattigen Nordhang. Darauf schließt sich ein schmales Weglein über einen Wiesenhang an, und nur wenige Schritte später erreichen wir Obermaiselstein. Nach rechts auf der Straße „Am Herrenberg" und dann nach links hinunter in Richtung Kirche und zum „Haus des Gastes" zurück.

▷ *Wie kommt man nach Obermaiselstein?*
Auf der B 19 nach Fischen und rechts abbiegen nach Obermaiselstein. Nach links in den Ort hinein und geradeaus bis zum „Haus des Gastes", das zurückgesetzt auf der linken Seite liegt.

○ *Weglänge:*   6,5 km

Sturmannshöhle

△ *Öffnungszeiten:* Mitte Mai bis Mitte Oktober
dienstags bis sonntags   9.30–16.00 Uhr
montags geschlossen

∞ *Eintritt:* Erwachsene   DM 4,00
Kinder 6 bis 14 Jahre   DM 2,00

◇ *Führungen:*
ab 9.30 Uhr stündlich, in der Hochsaison bei Bedarf auch zusätzliche Führungen

★ *Auskünfte:*   Telefon 0 83 26/92 15, 2 77 (Verkehrsamt)
und 2 60

☆ *Einkehrmöglichkeiten:*
Berggasthof Sturmannshaus (montags Ruhetag)
Telefon 0 83 26/79 60
mehrere Möglichkeiten in Obermaiselstein

❀ *Tip:*
Wer es eilig hat und trotzdem die Sturmannshöhle besuchen
möchte, kann auch direkt hinkommen. Dazu noch vor dem
„Haus des Gastes" der Beschilderung nach rechts folgen. Ein kurzer Fußweg ist trotzdem unumgänglich.

❀ *Hinweis:*
Für den Besuch der Höhle ist warme Kleidung angebracht.

▭ *Kartenempfehlung:*
1 : 50 000 Bayerisches Landesvermessungsamt München
UK L8 Allgäuer Alpen

Wenn wir erklimmen schwindelnde Höhen ...

Von Reichenbach zur Gaisalpe und weiter aufs Rubihorn

Diese Tour kann jeder nach Belieben gestalten. Vom erlebnisreichen Sonntagnachmittagsausflug bis zur ganztägigen anspruchsvollen Bergtour ist alles möglich.

Die kürzeste Variante ist der Aufstieg durch den Gaisalptobel bis hoch zur bewirtschafteten Gaisalpe. Wer noch weiter wandern kann und möchte, findet im Unteren Gaisalpsee ein schönes Ziel. Ja, und für die richtig großen und ausdauernden Bergsteiger fängt am Unteren Gaisalpsee der Aufstieg zum Rubihorn erst richtig an. Man muß sich also von vorneherein gar nicht festlegen, wie weit man wandern möchte, sondern kann das unterwegs nach Lust und Laune noch entscheiden. Klar, daß man sich beim Proviant und den Getränken bei solch einer „offenen" Tour an der längsten Strecke, die möglich ist, orientiert. Denn oft ist es doch wirklich so, wenn man sich am wenigsten etwas vornimmt, wird am Ende noch die schönste und größte Wanderung daraus. Natürlich sollte man dann auch so losgehen, daß man ohne Zeitdruck den Ausgangspunkt bei Helligkeit wieder erreichen kann. Das ist überflüssig zu erwähnen? Umso besser.

Können wir starten? Auf dem Schotterweg beim Parkplatz halten wir uns im Wald aufwärts. Rechts rauscht der Bach, gleich hier am Anfang begrüßt uns ein kleiner Wasserfall. Weiter oben sehen wir eine schöne flache Stelle, ob wir da Lust haben, am Ende unserer Tour die Füße abzukühlen?

Über eine Brücke hinüber und bald darauf zweigt der Weg durch den **Gaisalptobel** nach links ab. Auf einem Schild werden wir auf die Rutschgefahr bei Nässe und auf Steinschlag im Tobel aufmerksam gemacht. Der interessante Steig führt an kleineren und größeren Wasserfällen vorbei, das kristallklare und spritzende Wasser des Bergbaches ist wunderschön anzuschauen. Wenn wir unsere Augen mal nach rechts wenden, verstehen wir die Warnung des Schildes. Man kann nie wissen, ob und wann sich von den Felsen ein Stein löst und herunterfällt – die Natur ist immer in Bewegung, wie der Bach links von uns ja auch. Aber gegen das Ausrutschen können wir vorsorgen: Stabile Wanderschuhe mit griffiger Sohle und möglichst wenig auf nasse Wurzeln treten – damit sind die Hauptursachen schon mal vermieden!

Abwechslungsreich und abenteuerlich wird es im oberen Teil. Über Holz- und Felsstufen steigen wir aufwärts, im Tobel liegen

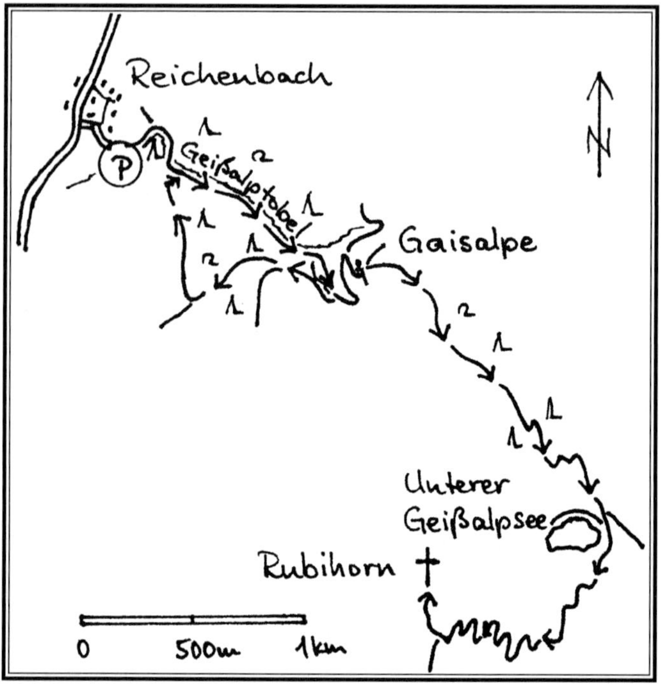

Wurzeln und Reste von Baumstämmen – eine richtige Wildnis ist rings um uns herum. Über eine Brücke und am Rande des sprudelnden und gurgelnden Baches geht es seilgesichert weiter.

Weiter oben sehen wir noch einen schönen Wasserfall eines „Nebenflusses", dann müssen wir steil hoch und verlassen schon den interessanten Tobelbereich. Von rechts her kommt der geschotterte Fahrweg zur Gaisalpe – das ist unser Abstieg nachher. Wir bleiben geradeaus auf dem Fahrweg und folgen den Wegweisern in Richtung Gaisalpe und Rubihorn. Die **Gaisalpe** ist links oben schon zu sehen, und auf dem sonnigen Weg haben wir sie bald erreicht. Bei einer Rast können wir die vielen Gleitschirmflieger, die vom Nebelhorn aus starten, in aller Ruhe beobachten. Toll, wie sie sich in die Höhe tragen lassen. Der Berg mit Gipfelkreuz rechts ist das Rubihorn, er zeigt uns seine abweisende Nordwestflanke, links ist das Gipfelkreuz auf dem Entschenkopf zu erkennen. Ja, hier läßt es sich bequem sitzen und die Bergluft genießen.

Diejenigen, die unbedingt weiter wollen, folgen nach rechts dem Wegweiser in Richtung Rubihorn. Bald verlassen wir das Almgebiet und steigen auf einem Pfad im Wald über Felsen und Wurzeln weiter aufwärts. Immer wieder kann man über kleinere Felsen klettern, da macht das Vorwärtskommen Spaß. Später queren wir einige kleine Schluchten, bei denen es nie ganz sicher ist, ob sie gerade trocken sind oder ob doch noch Wasser herunterkommt. Gegen eine Erfrischung hat bestimmt keiner etwas einzuwenden – falls wir ein paar Wasserspritzer abbekommen sollten!

Den **Unteren Gaisalpsee** sehen wir jedoch erst auf den letzten Metern. Wenn wir aber rechts einen Wasserfall herunterrauschen hören, ist es nicht mehr weit, denn dieser Bach ist der Abfluß des Sees, der wenig später zu sehen ist. An dem See läßt es sich gut eine Weile aushalten: Im Wasser kann man unzählige kleine Fischlein beobachten und die Kühe ringsum haben den Aufstieg auch geschafft, alle Achtung!

Nun müssen diejenigen, die immer noch Kraft in ihren Beinen spüren, sich für die doch immerhin noch fast 500 Höhenmeter fit machen. Wie das geht? Jeder hat wohl seine eigene Methode, aber eine Rast mit leckeren belegten Broten, Müsliriegeln und genügend zu Trinken ist wohl die beste Grundlage. Viel wichtiger als das „Habhafte" ist oft sogar noch die mentale Einstellung. Selbst Kinder entwickeln eine ungeheure Energie, wenn sie wirklich etwas erreichen wollen. Haben wir Erwachsenen nicht schon oft darüber gestaunt, was alles möglich ist, wenn die Kinder wirklich etwas wollen? Da fallen allen Eltern sicher genug Beispiele ein. Dazu paßt auch sehr gut der Satz dazu: „Der Wille kann Berge versetzen", aber halt, nicht daß das jetzt jemand wörtlich nimmt, das Rubihorn soll doch lieber an seinem Platz stehen bleiben, sonst müssen wir wieder von vorne anfangen, sprich im Tal unten. Und das möchte sicher niemand.

Am See vorbei und auf dem schmalen Pfad beginnen wir die letzte Etappe des Aufstiegs. Den schattenspendenden Wald haben wir hinter uns gelassen und nun erinnert sich vielleicht die eine oder der andere an das Lied: „Heiß brennt die Äquatorsonne ...". Aber genießen wir auch dieses Stück, denn bei Regen wollte ja auch keiner freiwillig hier herauf wandern. Anders wäre es vielleicht bei einem Schneesturm. Au ja? Dann stellen wir uns eben in Gedanken einen tüchtigen Schneesturm mit wirbelnden Schneeflocken und eisigem Wind vor. Wer sich das gut vorstellen kann, empfindet die Sonnenstrahlen tatsächlich nicht mehr so heiß wie vorher.

Mit jedem Schritt gewinnen wir an Höhe und deutlich bringt uns jede Kehre höher hinauf. Links ist das Gipfelkreuz des Geißalphornes zu sehen, bei kleinen Verschnaufpausen können wir auch die Gleitschirmflieger in Gedanken begleiten. Das wär's doch für den Abstieg: Einfach den Schirm ausbreiten, starten und sanft im Tal unten landen. Aber dann müßten wir ja nun mit einem viel größeren Rucksack hier herauf. Also war's wohl doch keine so gute Idee.

Im Zickzack aufs Rubihorn

Inzwischen sind wir im Sattel zwischen dem Rubihorn und dem Niedereck angekommen. Nach rechts steigen wir vorsichtig auf dem Pfad weiter. Wenige Minuten später sind wir am Ziel angelangt: Wir stehen auf dem Gipfel des **Rubihorns**!

Lauter „herrliche Berge" und „sonnige Höhen" erheben sich rings um uns. Das Illertal mit seinen Ortschaften liegt weit unter uns, gegenüber – auch mit Gipfelkreuz – erhebt sich der Entschenkopf. Wir dürfen stolz auf uns sein und das Gefühl genießen, „ganz oben" zu stehen.

Irgendwann müssen wir dann aber wieder an den Abstieg denken. Der Abstieg ist bei einer Bergtour mit genausoviel, wenn nicht gar mit noch mehr Umsicht anzugehen als der Aufstieg. Man meint, man hat das vorgenommene Ziel erreicht und braucht nur noch bergab zu gehen. Stimmt das wirklich? Eigentlich ist unsere Tour erst in Reichenbach beendet, also sollten wir uns nach der Freude über das erreichte Ziel nun wieder auf unsere Füße und den Boden, auf den wir sie setzen, konzentrieren.

Den Weg abwärts kennen wir von vorher ja genau, jede Kehre kommt uns sicher noch bekannt vor. Vom Gaisalpsee und später von der Gaisalpe können wir immer noch das Gipfelkreuz mit dem schönen Gefühl anschauen, heute schon dort oben gewesen zu sein. Wer noch länger im Allgäu unterwegs ist, sollte sich nicht wundern, wie oft und von wo aus man das Rubihorn überall sehen kann. Und jedesmal schwingt beim Anblick etwas von der Freude mit, die man empfunden hat, als man oben auf seinem Gipfel gestanden hat.

Der Abstieg von der Gaisalpe ist anfangs ebenfalls noch der gleiche Weg, wie der Aufstieg. Wer durch den Tobel zum Parkplatz zurück möchte, hat ja den Weg sicher noch im Kopf. Ansonsten halten wir uns nach links über die Brücke hinüber und wandern auf dem Fahrweg abwärts nach Reichenbach. Zweimal an den Wegweisern nach rechts und zum Schluß können wir uns ja überlegen, ob wir an der flachen Stelle des Baches noch eine allerletzte Pause einlegen oder vielleicht lieber einen Abstecher ins nahegelegene *Moorschwimmbad* machen wollen.

▷ *Wie kommt man nach Reichenbach?*
Auf der B 19 nach Sonthofen und der Beschilderung Altstädten folgen. Weiter auf der ausgebauten Straße, an Schöllang vorbei und nach Reichenbach hinein. Der Parkplatz befindet sich auf der linken Seite oben am Wald.

○ *Weglänge:*

Tobelweg zur Gaisalpe	5 km, 250 Höhenmeter
Tour bis zum Unteren Gaisalpsee	9 km, 600 Höhenmeter
Besteigung des Rubihorns	13 km, gut 1 000 Höhenmeter
jeweils hin und zurück	

☆ *Einkehrmöglichkeiten:*
Gaisalpe (dienstags Ruhetag), Telefon 0 83 26/79 17, mehrere Gasthöfe in Reichenbach

▢ *Kartenempfehlung:*
1 : 50 000 Bayerisches Landesvermessungsamt München
UK L8 Allgäuer Alpen

Skiflieger, Schuhmacher und Sturzbäche

Sehen, wandern und staunen rund um Oberstdorf

1. *Oberstdorfer Heimatmuseum*
2. *Wasser als Naturgewalt erleben – die Breitachklamm*
3. *Besuch beim schiefen Turm von Oberstdorf – die Heini-Klopfer-Skiflugschanze*

Im südlichsten Dorf der Bundesrepublik und drumherum gibt es viele schöne Ziele für Ausflüge. Jeder kennt sicher die großen Kabinenbahnen aufs Fellhorn und aufs Nebelhorn, die jeden ohne große Anstrengung mitten hinein in die herrliche Bergwelt schweben lassen.

Wir bleiben jedoch auf „Schusters Rappen" und besuchen zwei nicht minder interessante Ziele: Die Breitachklamm und den schiefen Turm von Oberstdorf – die Heini-Klopfer-Skiflugschanze. Wer direkt in Oberstdorf mal bummeln möchte, sollte sich das reichlich ausgestattete Heimatmuseum nicht entgehen lassen, in dem unter anderem auch der größte Schuh der Welt zu bestaunen ist.

Der größte Schuh der Welt!

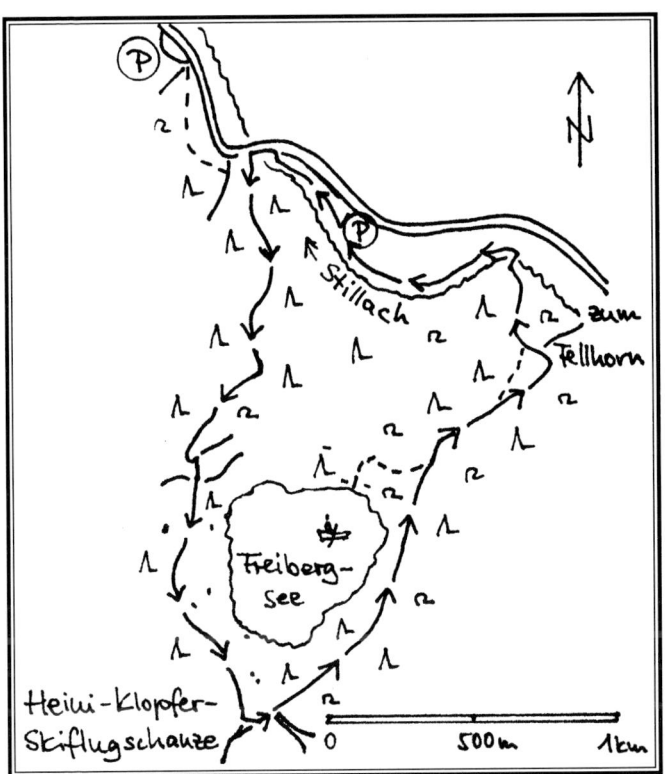

1. Oberstdorfer Heimatmuseum

In den 38 Zimmern des Oberstdorfer Heimatmuseums gibt es viel zu sehen: Viele verschiedene alte Handwerke werden vorgestellt, die Entwicklung des Alpinismus und des Skilaufs wird verdeutlicht, eine Sammlung heimischer Tiere gehört auch dazu. Besonders interessant ist die Darstellung eines Wilden Männle, das über und über mit Flechten angezogen ist und einen Gürtel aus Fichtenzapfen trägt. Im Keller gibt es unter anderem eine Käsküche, eine Enzianbrennerei und verschiedene Schmiedeeinrichtungen zu sehen. Die Schratt'sche Schuhsammlung mit den verschiedenartigen Möglichkeiten der Benagelung der Schuhsohlen ist genauso beeindruckend, wie der mit über drei Metern Länge größte Schuh der Welt.

Ein Besuch in dem aus dem 17. Jahrhundert stammenden Alt-Oberstdorfer Haus lohnt sich also nicht nur an Regentagen.

2. Wasser als Naturgewalt erleben – die Breitachklamm

Die Breitachklamm ist wohl eines der bekanntesten Ausflugsziele im ganzen Allgäu. Wer tiefe enge Felsenschluchten, rauschendes und tosendes Wasser mag, ist in der Breitachklamm genau richtig. Vor fast 100 Jahren wurden erstmals von mutigen Männern Versuche unternommen, die Klamm zugänglich zu machen. Aber erst als Tiefenbach, die unmittelbar am Ausgang liegende Ortschaft, einen neuen Pfarrer bekam, wurde die Erschließung möglich. Er fand nämlich private Geldgeber, die das Unternehmen unterstützten. Nach einjähriger Bauzeit konnte am 4. Juli 1905 die Einweihung gefeiert werden.

Heute ist der wildromantische Steig durch die **Breitachklammm** einwandfrei gesichert, selbst im Winter ist eine Begehung möglich und mit den bizarren Eisgebilden sehr eindrucksvoll.

An manchen Stellen sind die steil aufragenden und teilweise überhängenden Felsen so nahe beieinander, daß kaum noch Tageslicht bis nach unten in die Klamm hineindringen kann. Kein Wunder war den Menschen früher die Klamm ein wenig unheimlich, dazu glaubten sie auch noch an unheilvolle Wesen, die durch die enge Felsenschlucht hindurchfegen würden.

3. Besuch beim schiefen Turm von Oberstdorf – die Heini-Klopfer-Skiflugschanze

Sicher hat jeder schon mal einen Skispringer gesehen, wenn nicht in echt, dann zumindest im Fernsehen. Wer bewundert denn nicht die kühnen Burschen und Männer, die mit atemberaubenden Geschwindigkeiten den Anlaufturm hinuntersausen, dann vom Schanzentisch abspringen und weit über 100 Meter den Hang hinunterfliegen?

Bei diesem Ausflugstip haben wir die Möglichkeit, selber einmal ganz oben auf einer Schanze zu stehen und die Perspektive eines Skispringers kennenzulernen. Auf unserer Runde kommen wir auch am idyllisch gelegenen Freibergsee mit Bademöglichkeit und Kahnverleih vorbei, also wer bei warmem Wetter baden möchte, sollte an die nötigen Utensilien denken.

Ausgangspunkt unserer Rundwanderung ist das Stillachtal. Vom Parkplatz kurz nach der Brücke über die Stillach gehen wir nach rechts auf dem geschotterten Fußweg. Ja, ganz richtig, die *Flugschanze* und der *Freibergsee* sind nach links ausgeschildert, wir sind aber trotzdem richtig. Über die Brücke hinüber und dann gleich nach links (noch vor der Abzweigung zur Ziegelbachhütte) sehen wir einen Wegzeiger, der auf unsere Ziele Freibergsee und Skiflugschanze hinweist. Eben geht es noch durch den Wald dahin. Dann halten wir uns rechts, und über eine Lichtung steigt der Weg langsam an. Wieder kommen wir in den Wald, und auf dem Hohlweg hüpfen in den

Blick zur Heini-Klopfer-Skiflugschanze

Sommermonaten viele kleine Frösche. Auch tolle Wurzeln gibt es hier zu bestaunen. Wir gewinnen an Höhe und weiter oben müssen wir beschildert nach rechts abbiegen. Dann haben wir das meiste geschafft. Auf ebenem Weg legen wir den letzten Kilometer bis zur Flugschanze zurück. Unterwegs haben wir durch Bäume hindurch Ausblicke auf den Freibergsee, der sich unterhalb von uns befindet.

Auf einmal sehen wir einen schiefen Turm aus dem Wald heraus-
ragen – das ist die **Heini-Klopfer-Skiflugschanze.** Beim Weiterwandern ergibt sich noch ein schönerer Blick auf die Schanze, sogar die
Geräusche des Aufzugs sind schon zu hören. Nach wenigen Schritten –
zum Schluß nach links – befinden wir uns am Fuße des Anlaufturms.

Heini Klopfer war derjenige, der am 4. Februar 1950 den ersten
Sprung von der damals größten Skifluganlage der Welt wagte. Als
Architekt hatte er selbst die Pläne für die neue Schanze ausgearbeitet.
Ende Februar/Anfang März 1950 fand in Oberstdorf dann die erste
internationale Skiflugwoche statt, damals wurden Weiten von bis zu
135 Metern erreicht.

Wie solch ein schiefer Turm überhaupt stehen kann? Diese Frage
ist berechtigt, denn nach den üblichen Gesetzen der Schwerkraft be-
urteilt, kann es diese Konstruktion eigentlich nicht geben. Daß es
trotzdem funktioniert, liegt an dem „Innenleben" der Schanze, und
das hat es in sich: Das Fundament besteht aus 500 Kubikmetern
Schwerbeton, ferner halten 40 Stahlanker, die 14 Meter tief im Na-
turfels verankert sind, den Anlaufturm im Gleichgewicht. Der Turm
selbst wird von 80 Stahlspannstäben gehalten; also können wir uns
ruhig auf die Plattform wagen. Mit dem Aufzug und zu Fuß legen
wir 72 Meter an Höhe zurück. Von hier oben sehen wir sehr schön
auf den Freibergsee hinunter. Am beeindruckendsten ist jedoch der
Blick von ganz oben den Anlaufturm hinunter. Die seitlichen Zugän-
ge in unterschiedlichen Abständen regeln die verschiedenen Anlauf-
längen – je nach Witterung und Schneebeschaffenheit – für die Skispringer.

Wer würde sich hinuntertrauen? Keine Sorge, auch die besten Skiflieger der Welt haben das Skispringen nicht gleich auf solchen
großen Schanzen gelernt. Da dürfen wir ruhig auch ein bißchen ein
mulmiges Gefühl in der Magengegend haben. Das Podest gegenüber
ist für die Fernsehkameras, damit bei Veranstaltungen jeder Springer
groß herauskommt.

Sind jemand die hohen Türen aufgefallen? Ja, die Sprungski sind
um einiges länger als die Springer selber, daher sind die hohen Türen
notwendig.

Wen die technischen Daten und die gesprungenen Weiten noch
ausführlicher interessieren, findet unten am Turm eine Informationstafel. Die Sprungweiten über 190 Meter sind mit dem neuen Flug-
stil, dem V-Stil, erreicht worden, der sich seit Anfang der 90er Jahre
bei den Skispringern durchgesetzt hat.

Wieder wohlbehalten unten angekommen, machen wir uns nach
rechts in Richtung Oberstdorf auf den Rückweg. Wir können uns
beim Weitergehen überlegen, ob wir einen Abstecher zum Freibergsee einplanen wollen. Falls ja, müssen wir an der nächsten Kreuzung

beschildert nach links abbiegen. Bei einer Kahnfahrt oder einer Badepause im Strandbad läßt sich der Anlaufturm der Heini-Klopfer-Skiflugschanze, der wirklich wie ein schiefer Turm in den Himmel ragt, nochmals ausgiebig betrachten.

Zum Parkplatz zurück bleiben wir weiterhin geradeaus auf dem Weg, später ist eine Variante auf einem kleinen Pfad nach links durch den Wald möglich. An einem Armkneippbecken vorbei, kommen wir hinunter zur Stillach. Links und gleich wieder rechts über den Steg hinüber ist für uns der richtige Weiterweg. Ab hier geht's nach links und immer an der Stillach entlang, die mit ihrem blaugrünen Wasser und den kleinen Wasserfallstufen für eine kurzweilige Rückkehr zum Parkplatz sorgt.

▷ *Wie kommt man zum Oberstdorfer Heimatmuseum?*

Das Oberstdorfer Heimatmuseum befindet sich in der Ortsmitte in der „Oststraße 13". Die „Oststraße" zieht sich von der Talstation der Nebelhornbahn bis zum Marktplatz. Das Museum ist auf der rechten Seite. Zufahrt mit eigenem PKW (gebührenpflichtige Parkplätze) oder vom Ortsrand aus mit umweltschonenden Elektrobussen.

△ *Öffnungszeiten:*

Ende Dezember bis Ostermontag und
Mitte Mai bis Ende Oktober

dienstags bis samstags	10.00–12.00 Uhr
und	14.00–17.00 Uhr

An Sonn- und Feiertagen bei Regenwetter wie werktags geöffnet.

∞ *Eintritt:*

Erwachsene	DM 3,00
Kinder 6 bis 14 Jahre	DM 1,50

★ *Auskünfte:*
Telefon 0 83 22/54 70, 56 79, 23 70

▷ *Wie kommt man zur Breitachklamm?*

Auf der B 19 von Sonthofen über Fischen und geradeaus über Langenwang weiter. Dann nach rechts in Richtung Tiefenbach abzweigen. Die Breitachklamm ist ab hier deutlich ausgeschildert. Am Ortsanfang links und an der Breitach entlang bis zum gebührenpflichtigen Parkplatz am Eingang der Klamm.

P *Parkplatzgebühr:*	DM 2,00

○ *Weglänge:*   4 km

△ *Öffnungszeiten:*
Sommersaison   8.00–16.30 Uhr
Wintersaison   9.00–16.00 Uhr
In der Zeit der Schneeschmelze ist mit geänderten Öffnungszeiten bzw. auch mit kurzzeitigen Schließungen zu rechnen.

∞ *Eintritt:*   Erwachsene   DM 4,00
                  Kinder bis 15 Jahre   DM 2,00

★ *Auskünfte:*   Telefon 0 83 22/48 87

☆ *Einkehrmöglichkeiten:*
in Tiefenbach

▷ *Wie kommt man zum Parkplatz bei Oberstdorf für die Runde zur Heini-Klopfer-Skiflugschanze?*
Auf der B 19 in Richtung Oberstdorf fahren. Noch vor der Ortschaft nach rechts in Richtung Kleinwalsertal und Fellhornbahn abzweigen. Erst links, dann wieder rechts den Wegweisern zur Fellhornbahn folgen. Nach etwa 3 km führt die Straße über eine Brücke, kurz dahinter ist der Parkplatz auf der rechten Seite.
Ausweichmöglichkeit: Vor der Brücke gibt es noch einen ausgeschilderten Wanderparkplatz, die Runde verlängert sich dadurch geringfügig.

○ *Weglänge:*   5,5 km

Heini-Klopfer-Skiflugschanze
△ *Öffnungszeiten:* täglich   9.15–17.30 Uhr
                  1. November bis 22. Dezember und
                  eine Woche nach Ostern geschlossen

∞ *Eintritt:*   Erwachsene   DM 5,00
                  Jugendliche unter 16 Jahren   DM 3,50

★ *Auskünfte:*   Telefon 0 83 22/28 55

Strandbad und Kahnverleih Freibergsee
△ *Öffnungszeiten:* Mai bis September

∞ *Eintritt:*   Erwachsene   DM 4,50
                  Kinder 6 bis 16 Jahre   DM 2,00

∞ *Kahnverleih:*	Erwachsene	DM 4,00
	Kinder 6 bis 16 Jahre	DM 2,00
	Mindestpreis für ein Boot	DM 6,00
	Fahrzeit 45 Minuten	

★ *Auskünfte:*   Telefon 0 83 22/82 66

☆ *Einkehrmöglichkeiten:*
mehrere Gaststätten unterwegs, Kiosk an der Flugschanze

✿ *Tip:*
Bei sommerlichen Temperaturen evtl. Badesachen im Rucksack
mitnehmen.

▭ *Kartenempfehlung:*
1 : 50 000 Bayerisches Landesvermessungsamt München
UK L8 Allgäuer Alpen

Pack' die Badehose ein ...

Allerlei Tips zu Anreise, Ausrüstung und Verpflegung

Anreise

Bei den Tourenbeschreibungen finden Sie meistens eine Beschreibung der Ausgangspunkte für die Anreise mit dem Auto. Im Allgäu lassen sich jedoch auch die meisten Ausgangspunkte der vorgestellten Touren gut mit öffentlichen Verkehrsmitteln erreichen. Die Verbindungen sind auch an den Wochenenden meist sehr regelmäßig, das ist beim Wandern mit Kindern ja besonders wichtig. Daher ist der öffentliche Nahverkehr in diesem Gebiet besonders zu empfehlen.

Eine Bitte an alle Benutzer öffentlicher Verkehrsmittel: Um bei Fahrplanänderungen von Sommer auf Winter und umgekehrt immer auf der sicheren Seite zu sein, bitte immer vorher bei Bahnhöfen, den Reisebusgesellschaften oder Verkehrsämtern genaue Informationen einholen. Nur so bleiben einem unliebsame Überraschungen erspart!

Auskünfte

Regionalverkehr Schwaben-Allgäu (RVA)
Poststraße 4, 87527 Oberstdorf, Telefon 0 83 22/23 85

RVA-Betrieb Füssen
Moosangerweg 18, 87629 Füssen, Telefon 0 83 26/3 77 71

Firma Komm mit – Reisen
Sigishofen 29, 87527 Sonthofen, Telefon 0 83 21/90 77

Firma Alpenvogel
Bahnhofstraße 21, 87527 Sonthofen, Telefon 0 83 21/50 95

Regionalbus Augsburg GmbH
Alpenstraße 9, 87535 Kempten, Telefon 08 31/5 21 98

Ausrüstung und Verpflegung

Damit man sich unterwegs wohl fühlt, sind mehrere Dinge wichtig: Einmal das äußere Wohlbefinden (Wetter, Schuhwerk und Kleidung) und dann natürlich auch die innere gute Verfassung (Kondition, Essen und Trinken).

Wetter

Bei längeren Touren ist es ratsam, sich über die aktuelle Wetterlage zu informieren und sich dementsprechend auszurüsten.

Schuhwerk

Für Bergwanderungen und Gipfelbesteigungen sind gute Schuhe für alle Mitwanderer besonders wichtig. Am besten geeignet sind knöchelhohe Schuhe mit griffigen Sohlen. Sie bieten auf den schmalen Steigen den besten Halt, auch für kleine Klettereien am Wegesrande sind sie genau das richtige.

Kleidung

Bei der Kleidung sollte man beachten, daß wir uns in Gebirgsnähe bzw. im Gebirge bewegen. Also auch im Sommer bei Tagestouren an einen Pullover, eine lange Hose und an einen Regenschutz denken. Ein Gewitter mit deutlichem Temperatursturz kann innerhalb kürzester Zeit aufziehen, gerade und besonders häufig in den Sommermonaten.

Dagegen muß man in den Frühjahrs- und Herbstmonaten darauf achten, sich nicht zu warm anzuziehen. Lieber mehrere dünne Schichten als eine warme Jacke. Beim Wandern – vor allem bergauf – wird es einem nämlich sehr schnell warm.

Kondition

Eine gute Kondition und eine gewisse Trittsicherheit sollte man für das Wandern im Gebirge mitbringen, erst dann hat man auch Freude an den teilweise doch recht schweißtreibenden Aufstiegen. Aber die Touren sind so zusammengestellt, daß man auch ohne „Vorbereitung" losmarschieren kann.

Essen und Trinken

Gegen Hunger und Durst muß man beim Wandern immer gewappnet sein, vor allem wenn man mit Kindern unterwegs ist. Besonders Getränke (Tee, verdünnte Obstsäfte) sollten in ausreichender Menge mitgenommen werden. Vielleicht kann man als Durchschnittswert mit einer Menge von einem Liter pro Wanderer ausgehen. Natürlich hängt es auch davon ab, ob unterwegs Nachfüllmöglichkeiten bestehen oder ob man einkehren kann. Bei heißem Wetter kann sich der Verbrauch – vor allem bei den Kindern – auch drastisch erhöhen! *Wichtig:* Die Kinder sollten wirklich oft trinken dürfen.

Bei längeren Touren ist etwas Herzhaftes zum Essen sicher willkommen, aber auch kleinere Überraschungen (Müsliriegel, Früchteschnitten) sind gut geeignet, den kleineren Hunger zu stillen.

Was man sonst noch braucht

Taschenmesser, Fernglas, Verbandsmaterial, manchmal auch *Streichhölzer* – diese Dinge packt man je nach Bedarf ein. Die richtige *Wanderkarte* findet sicher auch noch ein Plätzchen im Rucksack. Mit den Signaturen und dem Wegeverlauf macht man sich am besten schon vor Beginn der Tour vertraut.

Alpines Notsignal

Bei Unfällen in den Bergen, in denen Hilfe benötigt wird, sollte man das **Alpine Notsignal** kennen: sechs regelmäßige hörbare oder sichtbare Zeichen innerhalb einer Minute geben, dann eine Minute Pause folgen lassen. Das wird solange wiederholt, bis man eine Antwort erhält. Antwort: Drei regelmäßige Zeichen innerhalb einer Minute.

Übersicht der vorgestellten Touren

Die Skizze auf der Buchrückseite zeigt die geographische Lage der Wandervorschläge. Die nachfolgende Übersicht teilt die Touren in verschiedene „Schwierigkeitsgrade" ein. Damit erhält man eine ungefähre Vorstellung von den zu erwartenden Anforderungen in Bezug auf Länge und Höhenunterschied. Wird ein Wandervorschlag mehrmals aufgeführt, bedeutet dies, daß Varianten möglich sind.

a) Spaziergänge und kürzere Wanderungen ohne größere Höhenunterschiede bzw. mit bis zu 200 Höhenmetern Unterschied und mit einer Weglänge bis zu 6 Kilometern:

Nr. 4   Vorhang auf – das (Natur-)Schauspiel kann beginnen
Nr. 6   Zum Seelen-Verkäufer
Nr. 7   Haben sich hier Regenmännle versteckt?
Nr. 8   Den Archäologen bei ihrer Arbeit zuschauen
Nr. 13   Das sind ja schöne Aussichten!
Nr. 14   Wo einst Riesen und Burgfräulein hausten
Nr. 16   Wo schon der König lustwandelte
Nr. 18   Rauschen und Tosen in felsiger Klamm
Nr. 21   Hopp, hopp, hopp, Pferdchen lauf Galopp ...
Nr. 22   Schaurig schön ist's im Moos
Nr. 27   Skiflieger, Schuhmacher und Sturzbäche

b) Mittlere und längere Wanderungen, die bis zu 500 Höhenmeter Unterschied aufweisen:

Nr. 2   Wir erweitern unseren Horizont
Nr. 4   Vorhang auf – das (Natur-)Schauspiel kann beginnen
Nr. 5   Auf den höchsten Gipfel Württembergs
Nr. 6   Zum Seelen-Verkäufer
Nr. 8   Den Archäologen bei ihrer Arbeit zuschauen
Nr. 9   Die Wissenschaft hat festgestellt ...
Nr. 10   Auf hohem Niveau
Nr. 12   Schön ist die Welt ...

c) Ausgesprochene Bergtouren und Gipfelbesteigungen mit mehr als 500 Höhenmetern Unterschied:

Der Schwäbische Wald ist wie geschaffen für abenteuerliche Ausflüge mit der ganzen Familie. Wandern Sie gemeinsam mit Ihren Kindern an der 2000 Jahre alten römischen Grenze, dem Limes, entlang oder machen Sie eine Dampfzugfahrt mit dem Wieslauftalexpreß. Dies sind nur zwei von 27 Touren, die unsere Autorin, selbst im Schwäbischen Wald zuhause, Ihnen vorstellt.

152 Seiten, 30 Schwarzweißfotos, 24 Kartenskizzen

Ja, so warn's ... die alten Rittersleut'! Mittelalterliche Burganlagen wie das Schloß Egg in Deggendorf sind für Kinder immer faszinierend. Doch ein Besuch bei Bären und Wölfen im Nationalpark steht dem an Abenteuer in nichts nach. Diese und viele andere Möglichkeiten, im Bayerischen Wald zu wandern und aufregende Dinge zu erleben, hat unsere Autorin für Sie entdeckt.

144 Seiten, 42 Schwarzweißfotos, 18 Kartenskizzen

Mit Kindern am Bodensee
Gerrit-Richard Ranft

Wandern, spielen, baden und entdecken
am Schwäbischen Meer

Fleischhauer & Spohn

132 Seiten, 29 Schwarzweiß-
fotos

Wasser war schon immer ein
Element, das Kinder begeistert.
Eine Schiffahrt auf die Blumeninsel
Mainau oder die Insel Reichenau ist
für alle ein Erlebnis; der Schloßgeist
von Meersburg spukt regelmäßig
bei allen Kinderführungen, und die
mehr als 200 Berberaffen im Frei-
gehege von Salem freuen sich über
jeden Besucher.

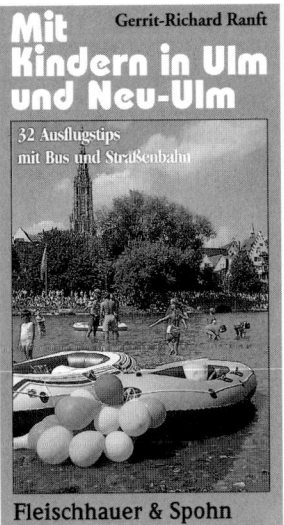

Mit Kindern in Ulm und Neu-Ulm
Gerrit-Richard Ranft

32 Ausflugstips
mit Bus und Straßenbahn

Fleischhauer & Spohn

132 Seiten, 25 Schwarzweiß-
fotos

Innerhalb und außerhalb der Ulmer
und Neu-Ulmer Stadtmauern gibt
es für Familien viel zu entdecken:
man erfährt, wie es dem Schneider
von Ulm erging und daß Mammut-
bäume nicht nur in Nordamerika,
sondern auch im Ulmer Stadtwald
anzutreffen sind. Sämtliche Ausflugsziele sind bequem mit Bus
oder Straßenbahn zu erreichen.

Gerrit-Richard Ranft
Mit Kindern in der Fränkischen Schweiz

Ausflüge im Burgen und Höhlen und — Land der Schlösser, Mühlen

Fleischhauer & Spohn

144 Seiten, 39 Schwarzweiß-fotos, 8 Kartenskizzen

Der Naturpark Fränkische Schweiz ist vor allem durch seine märchenhafte Landschaft bekannt. Unser Autor führt Sie und Ihre Kinder durch verwinkelte, schattige Täler und verwunschene Höhlen zu romantischen Burgen und bizarren Felsformationen.

Reinhard Müller und Horst Ruhl
Mit Kindern im Fichtelgebirge

Wo Wandern zum Erlebnis wird

Fleischhauer & Spohn

132 Seiten, 34 Schwarzweiß-fotos

Unsere Autoren, seit Jahren als Wanderwarte im Fichtelgebirgs-Verein engagiert, wissen aus Erfahrung, was sowohl Kinder als auch Erwachsene begeistert: der Wackelstein zum Beispiel, ein Felsriese, den selbst Kinderhände mühelos bewegen können oder eine rasante Fahrt mit der Sommerrodelbahn und vieles mehr.